Ο ΠΟΛΕΜΟΣ ΣΤΗ ΝΕΟΛΙΘΙΚΗ

Διμήνι: η λογική ενός μνημείου

ISBN 960-354-148-6

Νικήτας Ν. ΛΙΑΝΕΡΗΣ

Ο ΠΟΛΕΜΟΣ ΣΤΗ ΝΕΟΛΙΘΙΚΗ

Διμήνι: η λογική ενός μνημείου

ΙΝΣΤΙΤΟΥΤΟ ΤΟΥ ΒΙΒΛΙΟΥ – Α. ΚΑΡΔΑΜΙΤΣΑ
ΑΘΗΝΑ 2003

ΠΕΡΙΕΧΟΜΕΝΑ

πρώτο μέρος
Η ΛΟΓΙΚΗ ΤΗΣ ΜΟΡΦΗΣ

δεύτερο μέρος
Η ΛΟΓΙΚΗ ΤΗΣ ΛΕΙΤΟΥΡΓΙΑΣ:
επεξεργασία μιας υπόθεσης

ΕΙΣΑΓΩΓΗ

Στη παρούσα εργασία θα επιχειρήσουμε, κατ' αρχάς, να αποκαταστήσουμε τη μορφή και τη λειτουργία του αρχιτεκτονικού συμπλέγματος του νεολιθικού Διμηνιού, το οποίο θεωρούμε ότι, όπως παραδόθηκε και εγκαταστάθηκε στην αρχαιολογική φιλολογία, δεν ανταποκρίνεται σε καμιά ιστορική ή αντικειμενική πραγματικότητα.

Η αποκατάσταση της μορφής, με την οποία θα ασχοληθούμε στο πρώτο μέρος, μας υποχρεώνει να επανασκάψουμε τη θέση με σκοπό την επαναστρωματογράφηση των διαφόρων αποκαλυμμένων αρχιτεκτονικών δομών (περίβολοι, οικίες κλπ.), αφού η τακτοποίησή τους στο χώρο και οι σχέσεις μεταξύ τους εξαρτώνται προπάντων από το χρόνο της κατασκευής τους.

Η ανασκαφική έρευνα που προτείνουμε σε μια ήδη ανεσκαμμένη θέση, σε μια τελειωμένη ανασκαφή, θεωρούμενη από εμάς ως μη ή ως κακώς στρωματογραφημένη, δε θα είναι ασφαλώς μια επί του εδάφους συνηθισμένη ανασκαφική δραστηριότητα. Εξάλλου, για τους σκοπούς μας, μια παρόμοια δραστηριότητα δε θα ωφελούσε σε τίποτα. Εφόσον το "βιβλίο της γης" του Διμηνιού καταστράφηκε κατά τη διάρκεια της ανασκαφής του, θα πρέπει, επομένως, εμείς να "σκάψουμε" στο βιβλίο της δημοσίευσής του, δηλαδή στη διανοητική κατασκευή του ανασκαφέα. Το Διμήνι, όπως και κάθε άλλη βέβαια ανεσκαμμένη θέση, ως "επιστημονική" αρχαιολογικο-ιστορική μαρτυρία και γνώση, μετά την ανασκαφή του δεν υφίσταται πλέον ως υλική οντότητα, αλλά ως διανοητική κατασκευή του ατόμου ή των ατόμων που την κατασκεύασαν, στην προκειμένη περίπτωση του Χρήστου Τσούντα. Θα αναλύσουμε, επομένως, τα διανοητικά διαβήματα της σκέψης του Τσούντα, αναζητώντας τα στοιχεία εκείνα που φαλκίδευσαν τους συλλογισμούς του, αποπροσανατολίζοντας έτσι τα συμπεράσματά του. Συγχρόνως θα προσπαθήσουμε να αναζητήσουμε τις σχέσεις που συνδέουν οργανικά μεταξύ τους τις διάφορες δομές, ακολουθώντας τη λογική και τη μεθοδολογία της οριζόντιας στρωματογραφίας.

Η ανάλυση του κειμένου του Τσούντα και η επαναστρωματογράφηση του Διμηνιού, δηλαδή η χωροχρονική επανένταξη των αρχιτεκτονικών δομών, θα ακολουθήσουν τις απόλυτες αρχές της *λογικιστικής* θεωρίας της γνώσης, όπως τις έχουμε καθορίσει και εξηγήσει ήδη τώρα και μια εικοσαετία περίπου (Λιανέρης, 1983). Η ψυχο- λογική ανάλυση των σημειολογικών και συντακτικών ιδιοτήτων του κειμένου του Τσούντα, καθώς επίσης και η λογική στρωματογραφική διαδικασία που προτείνουμε επί των δομών του Διμηνιού, συγκροτούν τις αρχικές φάσεις της δικής μας θεωρητικής κατασκευής (πρώτο μέρος), όπου επιχειρούμε τη δημιουργία λογικιστικών τάξεων πάνω στις οποίες θα στηριχθεί η τελική ερμηνεία του μνημείου (δεύτερο μέρος). Για τη δημιουργία αυτών των λογικιστικών τάξεων είναι απαραίτητη η τυποποίηση και η σχηματοποίηση των διαφόρων αρχαιολογικών συλλογισμών.

Η φορμαλοποίηση των διανοητικών διαβημάτων της αρχαιολογικής έρευνας, μέσα από τους δρόμους της λογικιστικής προσέγγισης, προβάλλει *θεωρητικά, πρακτικά και φιλοσοφικά* εμπόδια ή όρια (ibid.: 68-73). Τα θεωρητικά όρια αφορούν κυρίως στην εσωτερική λογική συνοχή των θεωρητικών κατασκευών, η οποία εξαρτάται από το είδος των σχέσεων ή την ύπαρξη ή όχι λογικοσημειολογικής συνέπειας μεταξύ των αρχικών τυποποιημένων λογικιστικών τάξεών τους και των τελικών ερμηνευτικών προτάσεών τους. Τα πρακτικά όρια αναφέρονται στο διανοητικό τους κόστος, δηλαδή στο γεγονός ότι απαιτούν κεφάλαια διανοητικής τάξης που σε πολλές περιπτώσεις ξεπερνούν αυτό που προσδοκούν να κερδίσουν, καθώς επίσης και στη μορφή του πνεύματός τους, που δεν είναι αποδεκτή ή προσιτή σε όλους και ιδίως σε αυτούς που ασχολούνται με τις "μαλακές" επιστήμες, όπως είναι κατ' εξοχήν η αρχαιολογία. Τα φιλοσοφικά όρια συγκρατούν και περιορίζουν τη γνωσιολογική εξουσία των αναλυτικών μεθόδων του επιστημονικού ορθολογισμού, αναγνωρίζοντας εξίσου αποτελεσματικές γνωσιολογικές αρετές στους δρόμους του εμπειρισμού και του υποκειμενισμού. Όμως δεν αναγνωρίζουν παρά ελάχιστα προτερήματα στο δρόμο που οδηγεί στις διάφορες φλυαρίες και αοριστίες, που συνήθως ακολουθεί η πλειοψηφία των θεωρητικών αρχαιολογικών κατασκευών. Το Διμήνι, στον ένα αιώνα της αρχαιολογικής του ζωής, υπήρξε κατά κόρον θύμα αυτής της φλυαρίας, της αοριστίας και της αυθαιρεσίας του αρχαιολογικού λόγου.

Στο δεύτερο μέρος θα ασχοληθούμε, αφενός με τη λειτουργία των αρχιτεκτονικών δομών του Διμηνιού, βασισμένοι στη λογικο-σημειολογική συστηματοποίηση του πρώτου μέρους και αφετέρου με το φαινόμενο του πολέμου στην προϊστορία και ειδικότερα στη νεολιθική εποχή.

πρώτο μέρος
Η ΛΟΓΙΚΗ ΤΗΣ ΜΟΡΦΗΣ

I. ΠΡΟΛΕΓΟΜΕΝΑ

I. 1. Η ανακάλυψη

Το 1908 ο Χρήστος Τσούντας[1] δημοσίευσε[2] το σύνολο των αρχαιολογικών εργασιών που είχαν πραγματοποιηθεί σε ένα μικρό λόφο κοντά στο χωριό Διμήνι που βρίσκεται τέσσερα χιλιόμετρα δυτικά του Βόλου. Η αρχαιολογική ιστορία της θέσης είχε αρχίσει μερικά χρόνια νωρίτερα, όταν ο Έφορος Στάης αναζητούσε στα περίχωρα του Διμηνιού μυκηναϊκούς θολωτούς τάφους. Ο Στάης εντόπισε και αποκάλυψε ένα θολωτό τάφο στη βορειοδυτική κατωφέρεια του λόφου και στη συνέχεια έσκαβε εδώ και εκεί στον περιβάλλοντα χώρο ελπίζοντας στην ανακάλυψη και άλλου παρόμοιου ταφικού μνημείου. Αλλά είχαν ήδη στερέψει σε εκείνο το χώρο τα μνημειακά ταφικά κτίρια με το πλούσιο περιεχόμενό τους σε αντικείμενα από χρυσό και ασήμι και σε άλλα πολύτιμα υλικά, μιας τέχνης ιδιαίτερα ποθητής στους περισσότερους αρχαιολόγους όλων των εποχών. Στη θέση των θόλων, μέσα στις τομές του Στάη, έκαναν την εμφάνισή τους απλοί τοίχοι κτισμένοι με λεπιδόπλακες συνδεδεμένες μεταξύ τους με λάσπη. Ο Έφορος Στάης ανακάλυψε τα αρχιτεκτονικά λείψανα του συμπλέγματος των δομών στη *μαγούλα* του Διμηνιού το καλοκαίρι του 1901 (εικ. 1). Στη διάρκεια εκείνης της ανασκαφικής περιόδου έφερε στο φως τις περισσότερες δομές του συμπλέγματος. Το καλοκαίρι του 1902 ο Στάης δε θα πάει στο Διμήνι, αλλά ούτε και το επόμενο καλοκαίρι, προτίμησε να παραχωρήσει την ανασκαφή του στον Τ. καθηγητή τότε της αρχαιολογίας στο πανεπιστήμιο της Αθή-

---

1. Το όνομα του Τσούντα θα σημειώνεται στη συνέχεια με το γράμμα Τ.
2. *Αι προϊστορικαί ακροπόλεις Διμηνίου και Σέσκλου.* Αθήναι. 1908. Σύντμηση Δ.Σ.

νας. Ο Τ. φαίνεται ότι δεν πραγματοποίησε στο Διμήνι παρά συμπληρωματικές ανασκαφικές εργασίες. Συνακόλουθα, ο πρώτος έλληνας προϊστοριολόγος καταπιάστηκε, σχεδόν αποκλειστικά, αφενός με τη μελέτη του υλικού που έφερε στο φως, στη μεγάλη του πλειοψηφία, η σκαπάνη του Στάη και αφετέρου με τη δημοσίευσή του, επομένως η προσφορά του στην ανασκαφή αυτή καθεαυτή δεν είχε την ίδια διάσταση με τα δύο άλλα διαβήματα (μελέτη και δημοσίευση), όπως αυτά υλοποιήθηκαν στο διάσημο βιβλίο του.

Ο Τ. επεξεργάστηκε το υλικό του Διμηνιού με έναν ασυνήθιστο για την εποχή του τρόπο. Η κατασκευή του εξολοκλήρου είναι θεμελιωμένη πάνω σε συλλογισμούς μιας συνεπούς λογικής, χωρίς αντιφάσεις. Τα συμπεράσματά του συχνά μας εκπλήσσουν. Στις ημέρες μας, για παράδειγμα, μετά από πολύχρονες νεολιθικές έρευνες στον ελλαδικό χώρο, οι οποίες, μεταξύ άλλων, έθρεψαν και την ιδέα της προόδου στη νεολιθική χρονολόγηση, αρχίζουμε να συνειδητοποιούμε ότι, τελικά, η χρονολόγηση που προσεγγίζει περισσότερο στην πραγματικότητα είναι μάλλον αυτή που πρότεινε ο Τ. στις αρχές του αιώνα (Χουρμουζιάδης, 1971). Τα αποτελέσματά του, λαμβανομένου υπόψη του γνωσιολογικού περιβάλλοντος της εποχής του, θα τα επιθυμούσε ο οποιοσδήποτε σύγχρονος αρχαιολόγος.

Αλλά το γεγονός ότι στο Διμήνι ο Τ. δεν αποκάλυψε ο ίδιος τις διάφορες δομές, όφειλε, θα λέγαμε, αναπόφευκτα, να δημιουργήσει διάφορα αδύναμα σημεία στην αποκατάσταση του μνημείου. Αν για την ανάλυση της κεραμικής και για την ίδρυση της χρονολόγησης βασίστηκε πάνω στις δικές του στρωματογραφικές παρατηρήσεις κατά τη διάρκεια της ανασκαφής του στο Σέσκλο, προσθέτοντας ορισμένες πληροφορίες από τις συμπληρωματικές του ανασκαφές στο Διμήνι, αντίθετα για την αποκατάσταση του συμπλέγματος των δομών του Διμηνίου, βρέθηκε, από αρχαιολογική άποψη, εγκλωβισμένος και σχεδόν εντελώς αφοπλισμένος. Ο Στάης είχε σκάψει αμελώς και ατελώς τη θέση. Και τούτο δεν είναι μια κακοκρισία εκ μέρους μας προς τις εργασίες που πραγματοποίησε ο Στάης, αλλά ένα συμπέρασμα που επιβάλλεται από μόνο του, από το γεγονός ότι ο Τ. επιμελήθηκε του συμπλέγματος στηριζόμενος αποκλειστικά στις ελάχιστες στρωματογραφικές παρατηρήσεις, που μπόρεσε να κάνει ο ίδιος στη διάρκεια των δύο εβδομάδων που πέρασε στο Διμήνι (Δ.Σ.:28). Αν ο Στάης είχε αφήσει οτιδήποτε προς αυτήν την κατεύθυνση, θα ήταν εύκολο σε εμάς να το ανιχνεύσομε κάπου στο

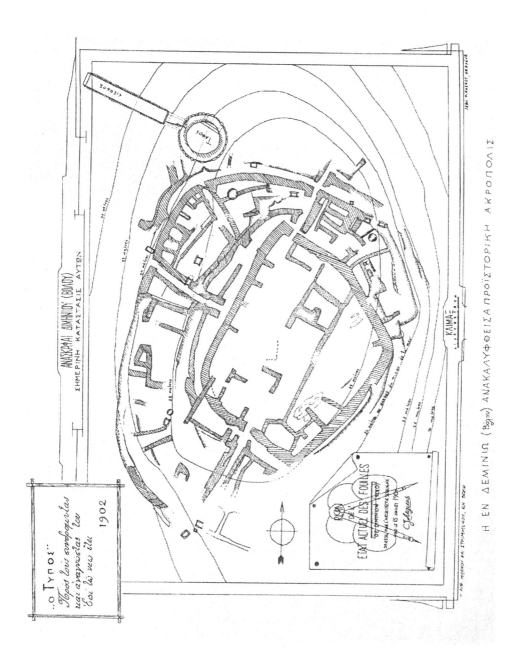

εικ. 1

βιβλίο του Τ., αντίθετα διερευνώντας το κείμενο του εξαφανίζονται οι αμφιβολίες γύρω από τη φύση της κληρονομιάς του Στάη.

Από την ανακατασκευή του Τ. θα ενδιαφερθούμε σχεδόν αποκλειστικά στο μέρος εκείνο που μελετά τους περιβόλους εξ ή επτά τον αριθμό, των οποίων η διάταξη στο χώρο και στο χρόνο όπως παρουσιάστηκε από τον Τ. και όπως επέζησε στην αρχαιολογική φιλολογία, δεν μπορεί σε καμιά περίπτωση να ανταποκριθεί στις απαιτήσεις της σημερινής κοινής λογικής. Η διάταξη των άλλων δομών (οικίες, εργαστήρια, τοίχοι μερικώς αποκαλυμμένοι κλπ.) ανάμεσα στους περιβόλους φαίνεται επίσης παράλογη, εφόσον θεωρήσουμε ότι υπάρχει οργανική σχέση μεταξύ τους. Επιβάλλεται επομένως, ως πρωταρχική ανάγκη, η προσήκουσα αναδιάταξη των περιβόλων. Μετά το τέλος αυτής διαλύεται αυτόματα και η μη λογική αίσθηση που διακρίνει τις άλλες δομές σε σχέση με αυτά τα περιτειχίσματα. Αυτά τα τελευταία συνδεδεμένα με τις υπόλοιπες δομές αποτελούν αυτό που αποκαλούμε σύμπλεγμα των αρχιτεκτονικών δομών του Διμηνιού.

I.2. Η λογική του Τ.

Στην προηγούμενη ενότητα τονίσαμε τις ξεχωριστές ιδιότητες της σκέψης του Τ. όπως αυτές αποκαλύπτονται από την ανάγνωση του κειμένου του και τελειώσαμε λέγοντας ότι το προϊόν της συλλογιστικής του, δηλαδή η θεωρητική κατασκευή στην οποία πραγματεύονται οι περίβολοι και οι άλλες δομές, είναι μη λογική. Επίσης, εξηγήσαμε γενικά ότι αυτό που κάνει την αυστηρή του σκέψη να εκφράζεται με έναν αντιφατικό λόγο άνευ αρχαιολογικού ενδιαφέροντος, οφείλεται στο γεγονός ότι ο Τ. συλλογίστηκε πάνω σε ένα υλικό στερημένο από τα στρωματογραφικά του υποστηρίγματα, εκτός, βέβαια, από τις λίγες παρατηρήσεις, που κατάφερε ο ίδιος να κάνει, πάνω στις οποίες ουσιαστικά βασίστηκε.

Αλλά πώς θα μπορούσαμε να συμφιλιώσουμε τα δύο αυτά αντιθετικά στοιχεία που προβάλλει η ανάλυση του κειμένου του Τ.; Δηλαδή το γεγονός ότι στον ίδιο λόγο βλέπουμε την εφαρμογή μιας αυστηρής λογικής χωρίς αντιφάσεις και συγχρόνως το αποτέλεσμα αυτής που χαρακτηρίζεται από εμάς ως μη λογικό. Αυτή η αντινομία στη δομή του κειμένου του, κατά τη γνώμη μας, βρίσκει μια έλλογη εξήγηση στην αντίθεση που υπάρχει μεταξύ της τυπικής αλήθειας και της υλικής αλήθειας των προτάσεων. Γιατί δεν πρέπει ποτέ να συγχέουμε την εγκυρότητα ενός συλλογισμού με την υλική αλήθεια των προτάσεων που τον συνθέτουν. Η εσωτερική συνοχή των συλλογισμών του Τ. είναι υποδειγματική, αλλά οι συλλογισμοί αυτοί είναι αληθείς ως προς τη μορφή τους μόνο και όχι ως προς την ύλη τους, συνεπώς τα συμπεράσματά του είναι αναγκαστικά λανθασμένα. Για παράδειγμα, όταν ο Τ. διατυπώνει, ότι, αν υπάρχουν πολλαπλοί περίβολοι κλπ. τότε υπάρχει ένα αμυντικό σύστημα, αυτό το συμπέρασμα είναι αληθές ως προς τη μορφή του και επίσης ως προς την ύλη του, γιατί υπάρχουν περιπτώσεις που πολλαπλοί περίβολοι συγκροτούν ένα αμυντικό σύστημα. Μέχρι εδώ δεν υπάρχει τίποτα το μεμπτό να του καταλογίσουμε, αλλά από τη στιγμή που αποδεικνύουμε ότι τα διακριτικά χαρακτηριστικά που επέλεξε και τα οποία τον οδήγησαν να θεωρεί όλους τους περιβόλους σύγχρονους σε μια ορισμένη φάση (τρίτη) της ζωής του Διμηνιού, οδηγούν σε ένα τελείως αντίθετο αποτέλεσμα, δηλαδή ότι οι εξ ή επτά περίβολοι δε συνυπήρξαν ποτέ μαζί, τότε το παραπάνω συμπέρασμα δεν έχει πια για το Διμήνι καμιά υλική αξία. Δεν έχει υλική αξία γιατί μεταμορφώσαμε ποιοτικά το υλικό της σκέψης του Τ. η οποία εξακολουθεί να παραμένει τυπικά και αφηρημένα πάντα έγκυρη. Έτσι, λέγοντας ότι το αποτέλεσμα της κατασκευής του Τ. είναι μη λογικό, τούτο είναι αληθές μόνο σε σχέση με την ποιοτική μεταμόρφωση της λειτουργίας των διακριτικών του χαρακτηριστικών, τα οποία για εμάς έχουν σαφώς το χαρακτήρα των εξωτερικών προφανών, που αφαιρούν από το Διμήνι την ιδιότητα της ακρόπολης προστατευόμενης από ένα πολύπλοκο αμυντικό σύστημα. Εννοείται ότι η μεταμόρφωση αυτή καθίσταται δυνατή λόγω των σημερινών μας γνώσεων γύρω από τη νεολιθική αρχαιολογία, οι οποίες είναι σχετικά επαρκείς, αν τις χρησιμοποιήσουμε καθώς πρέπει, για να μπορέσουμε να πραγματευτούμε μια μη στρωματογραφημένη θέση όπως είναι κατ' αρχήν το Διμήνι. Δε συνέβαινε όμως το ίδιο στην εποχή του Τ. κατά την οποία δε γνωρίζαμε σχεδόν τίποτα το έγκυρο για τις διάφορες όψεις της νεολιθικής κοινωνίας: για την κατοίκησή της, για τα οικονομικά και πολιτικά της συστήματα, για την ιδεολογία της, με μια λέξη για τον τρόπο ζωής της, δηλαδή για την κουλτούρα της.

Επομένως ο Τ. στερημένος μιας λεπτομερούς στρωματογραφίας και έχοντας στη διάθεσή του πολύ λίγες γνώσεις σε σχέση με αυτές που βρίσκονται σήμερα συσσωρευμένες στις αποσκευές των προϊστοριολόγων, είχε ελάχιστες ελπίδες να φθάσει, σχεδόν μόνο με τη βοήθεια μιας απλής ανάλυσης των δεδομένων, σε ένα αποτέλεσμα σύμφωνο με τη διμηνιακή πραγματικότητα.

Αλλά θαυμάζουμε σε όλη την εργασία του την τυπική αξία των συλλογισμών του, και εδώ βρίσκονται ουσιαστικά οι επιστημονικές του αρετές και όχι στο υλικό περιεχόμενο της λογικής του, αφού στην εποχή του το υλικό αυτό δε συνιστούσε εμπεριστατωμένη γνώση. «Η λογική δεν έχει να κάνει παρά με καθαρά τυπικές και ολωσδιόλου γενικές εφαρμογές. Στις άλλες επιστήμες εναπόκειται η εξέταση της αλήθειας ή του λάθους των υποθέσεων» (Russel, 1971: 64). Αν λοιπόν η γνώση γύρω από τη νεολιθική κοινωνία, ευρισκόμενη στις απαρχές της την εποχή του Τ. δεν είχε τότε τη δύναμη να κρίνει τις παράδοξες κατασκευές της, αντίθετα στις ημέρες μας, εφόσον έχει φθάσει σε κάποια ωριμότητα, είναι αναγκασμένη τουλάχιστο για να δικαιολογήσει την εξέλιξή της να πάψει να βρίσκει ευχαρίστηση μηρυκάζοντας ακόμη τις αμαρτίες του παρελθόντος της, όπως έκανε, για παράδειγμα, μέχρι σήμερα με την περίπτωση του Διμηνιού.

Η κατασκευή του Τ. οφείλει σήμερα να υποστεί τους νόμους της μεταμόρφωσης που επενεργούν σε μια επιστήμη που σχηματίζεται ανασχηματιζόμενη συνεχώς, όπως συμβαίνει, κατ' εξοχήν, στην περίπτωση της αρχαιολογίας. Γνωρίζουμε ότι η μελλοντική ανακάλυψη μπορεί έξοχα να απογυμνώσει, αν όχι να εξαλείψει τελείως, τα αξιωματικά στοιχεία που συγκρατούν όρθιες πλήθος από τις θεωρητικές μας κατασκευές. Επί πλέον, στο καθαρά πρακτικό επίπεδο, αν προσθέσουμε σε αυτές το αιώνιο πρόβλημα του *feed back* μεταξύ της ανάλυσης των δεδομένων και των μεθόδων ανασκαφής, καταλαβαίνουμε εύκολα, έχοντας υπόψη την παρούσα κατάσταση της ιστορικής αποκατάστασης στην αρχαιολογία, ότι τα αξιωματικά της χαρακτηριστικά επιλέγονται μεταξύ πολλών άλλων με ένα τρόπο εντελώς συμβατικό. Η εγκυρότητα μιας οποιασδήποτε αρχαιολογικής κατασκευής, είτε ακολουθεί τον παραδοσιακό εμπειρισμό, είτε τις μοντερνιστικές επιστημονικές σχηματοποιήσεις, εξακολουθεί ακόμα να εξαρτάται από την ευφυΐα και την εμπιστοσύνη που αποδίδουμε στον αρχαιολόγο που την κατασκεύασε.

I.3. οι εξωτερικές προφανείς

Οι πάντες θα συμφωνήσουν ότι στον κόσμο της αρχαιολογίας η ανάλυση ολομόναχή της δεν έχει το δικαίωμα να αποδώσει χαρακτηρισμούς και σημασίες στις ιδιότητες των αντικειμένων σύμφωνα με τη μια ή την άλλη θεώρηση. Έχει ανάγκη, πρώτα από όλα, τις εξωτερικές προφανείς που επιτυγχάνουμε με τις στρωματογραφίες στις κάθετες ανασκαφές, με τους διαχρονισμούς μεταξύ διαφορετικών δομικών συνόλων (ένα σύνολο δομών θεωρείται στη παρούσα μελέτη ίσο με μια φάση κατασκευής, (Soudsky 1973), στις οριζόντιες θα λέγαμε ανασκαφές, αν και ο όρος δεν είναι δόκιμος, και τέλος με τις λογικές σχέσεις μεταξύ δομών στις μη στρωματογραφημένες ανασκαφές. Οι εξωτερικές προφανείς επιτρέπουν την ίδρυση κατάλληλων μεταβλητών σε σχέση με το χρόνο και συνιστούν τη χρονολογική βλέψη ή θεώρηση, η οποία είναι η περισσότερο σημαντική. Οι υπόλοιπες βλέψεις εξαρτώνται από αυτήν. Η βλέψη αυτή επιβάλλεται ως ένας όρος sine qua non για κάθε θεωρητική αρχαιολογική κατασκευή με την ιστορική έννοια του όρου.

Στις προηγούμενες παραγράφους επιμείναμε στην ιδιαίτερη σημασία του γεγονότος ότι ο Τ. δεν είχε κληρονομήσει από το συνάδελφό του Στάη μια κάποια στρωματογραφία και ότι επωμίστηκε το καθήκον τούτο στη διάρκεια μιας ανασκαφής σχεδόν τελειωμένης. Ο Τ. έπραξε ό,τι το καλύτερο μπορούσε, δεν αμφιβάλουμε, προκειμένου να στρωματογραφήσει το Διμήνι και μας έδωσε τις δικές του εξωτερικές προφανείς, τις οποίες μπορούμε να ταξινομήσουμε, δια μέσου ποιοτικών κριτηρίων, ως ακολούθως:

β.3.1 συγκεκριμένη

β.3.2 λιγότερο συγκεκριμένη

β.3.3 μη συγκεκριμένη

β.3.4 ;

Στηριζόμενος σε αυτές τις τέσσερις εξωτερικές προφανείς, αποκατέστησε τρεις φάσεις κατασκευής των περιβόλων και των οικημάτων. Μια πρώτη φάση την ύπαρξη της οποίας μαρτυρεί μικρό τμήμα ενός περιβόλου (σημείο 15 στο σχέδιο της ακρόπολης, εικ. 2 τετράγωνο Ε5, περιγραφή σελ. 47-48): προφανής β.3.4;. Μια δεύτερη φάση στην οποία υπήρχαν μόνο οι τρεις πρώτοι περίβολοι. Και μια τρίτη φάση που περιελάμβανε εξ περιβόλους, δηλαδή τους τρεις της δεύτερης φάσης τους οποίους, σύμφωνα με τον Τ., ανακατασκεύασαν μετά από μια καταστροφή προσθέτοντας ακόμη τρεις περιβόλους για περισσότερη ασφάλεια.

Από τις εξωτερικές προφανείς του Τ. παρατηρούμε ότι υπάρχει μόνο μια που είναι συγκεκριμένη: πρόκειται για τη στρωματογραφική σχέση μεταξύ του τρίτου και του τέταρτου περιβόλου[3]. Αυτή η προφανής του

_____

3. Η προφανής αυτή περιορίζεται σε ένα οχετό που διέσχιζε τον τρίτο περίβολο. Το στόμιο του οχετού καλυπτόταν από ένα στρώμα ασβεστολιθικής γης, πάχους 0, 80 μ., που είχε μεταφερθεί εκεί σκόπιμα. Κατά τον Τ. (σ. 39-40 και 43-44)

χρησιμεύει ως σημείο εκκίνησης για να δει την κατεύθυνση του χρόνου και για να αποκαταστήσει τη χρονολογική αλληλουχία των περιβόλων.

Για την αποκατάσταση της χρονολογικής αλληλουχίας των αρχιτεκτονικών δομών του διμηνιακού συμπλέγματος μια μόνο προφανής δεν επαρκεί. Επομένως, θεωρούμε τις δομές του Διμηνιού ως μη ή ως ανεπαρκώς στρωματογραφημένες και για τη σύσταση της χρονολογικής βλέψης στη δική μας αναδιάταξη των περιβόλων, που θα ακολουθήσει την ανάλυση του κειμένου του Τ., οφείλουμε να αναζητήσουμε τις εξωτερικές προφανείς στις λογικές σχέσεις μεταξύ των δομών, υπολογίζοντας και αυτές του Τ.

Σχεδόν όλες οι λογικές σχέσεις που θα αναζητήσουμε, υπάρχουν στην κατασκευή του Τ. (είναι τα διακριτικά χαρακτηρίστηκα που αναφέραμε πιο πάνω), αλλά με τη διαφορά ότι ο Τ. δεν τις χρησιμοποιεί για την αποκατάσταση της χρονολογικής βλέψης, προτιμά να τις βάλει στην υπηρεσία της λειτουργικής βλέψης: εξηγούν αυτές το αμυντικό του σύστημα.

Και εδώ βρίσκεται η ματαιότητα της κατασκευής του. Γιατί παράβλεψε, κατά τη διάρκεια των παρατηρήσεών του in situ, τη σημασία της χρονολογικής θεώρησης προς όφελος της λειτουργικής και εξέλαβε τις διακριτικές ιδιότητες της πρώτης ως διακριτικές ιδιότητες της δεύτερης. Οι λογικές σχέσεις που θα πρέπει να αποκαλύψομε από το σύμπλεγμα των δομών είναι: ο αποκλεισμός (διαχρονικότητα), η ισότητα (συγχρονικότητα) και η αλληλουχία.

I.4. Η γέννηση μιας υπόθεσης

Ο Τ. στη πορεία του λόγου του περιγράφει στην αρχή τους περιβόλους και εξηγεί τη λειτουργία τους στην τρίτη φάση της ζωής τους. Στη συνέχεια καταπιάνεται με την ίδρυση των εξωτερικών προφανών (Δ. Σ.: 45). Επομένως, κρίνοντας από τη σειρά της παρουσίασης των ιδεών στο κείμενό του, έχουμε το δικαίωμα να σκεφτούμε ότι στη σκέψη του Τ. η λειτουργική βλέψη προηγήθηκε της χρονολογικής. Έτσι ο Τ. προκατειλημμένος από αυτήν την πρώτη, από τη μια μεριά, οι λογικές σχέσεις των οποίων η αξιοποίηση αποκλείει τη συγχρονικότητα των εξ περιβό-

---

πρόκειται για μια ανύψωση του εδάφους πίσω από τον τέταρτο περίβολο. Συνεπώς ο περίβολος αυτός είναι νεότερος του τρίτου περιβόλου.

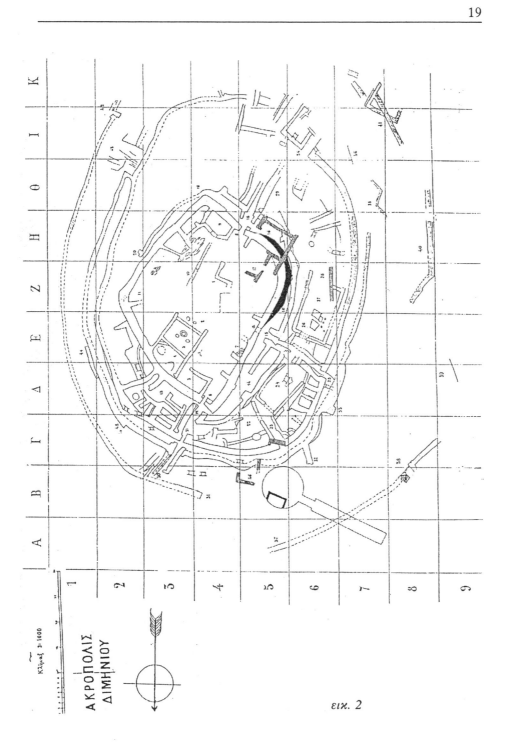

ΑΚΡΟΠΟΛΙΣ
ΔΙΜΗΝΙΟΥ

Κλίμαξ 1:1000

εικ. 2

λων σε οποιαδήποτε φάση κατασκευής, γίνονται διακριτά χαρακτηριστικά της λειτουργικής βλέψης και από την άλλη μεριά, η συλλογή των εξωτερικών προφανών καταλαμβάνει μια υποδεέστερη θέση, χωρίς πολύ ενδιαφέρον και σημασία. Οι πρώτες παίρνουν το ρόλο των κορυφαίων στην εξέλιξη του δράματος, οι δεύτερες δεν είναι παρά απλά μέλη του χορού.

Είναι προφανές, μπορεί κανείς να αντιτείνει, ότι το εν λόγω επιχείρημα είναι ασαφές και αόριστο, γιατί «ο Τ. θα διαβεβαίωνε, αν ήταν εδώ για να μας απαντήσει, ότι στη γέννηση των ιδεών του σχετικά με το Διμήνι, η χρονολογική αποκατάσταση του μνημείου προηγήθηκε της ερμηνείας του, ακόμα και αν το κείμενο που έγραψε δίνει την αντίθετη εντύπωση. Με άλλα λόγια, είναι δύσκολο να αποδειχθεί ότι η επιτόπια ανάγνωση του μνημείου προκαθορίστηκε a priori από τη λειτουργική ερμηνεία: τέλος πάντων ο Τ. ίσως είχε αρχίσει από την αρχαιολογική παρατήρηση in situ, την οποία μπορούμε να θεωρήσουμε εσφαλμένη, για να φθάσει στην ιδέα ενός μοναδικού μνημείου στο χρόνο, πριν να γεννηθεί η λειτουργική ερμηνεία» (κριτική του J.C. Gardin, προσωπική επιστολή).

Σε αυτές τις πολύ σωστές παρατηρήσεις θα απαντήσουμε με ένα επιχείρημα που δεν αφήνει, κατά τη γνώμη μας, σχεδόν καμιά αμφιβολία όσον αφορά στην ιεραρχία των ιδεών του Τ. Είναι σχεδόν βέβαιο, ότι η σκέψη του καταδυναστεύτηκε από μια ερμηνευτική υπόθεση στην οποία έδωσε τη μορφή μιας θεωρίας, ενός μοντέλου σχετικά με τη λειτουργία πολλαπλών περιτειχισμάτων γύρω από έναν οικισμό. Μοντέλο, το οποίο είχε επινοήσει πολύ πριν την ανακάλυψη των περιβόλων του Διμηνιού, βάση του οποίου άρχισε να κάνει την ανάλυση των δεδομένων τους. Η υπόθεση αμυντικό σύστημα, της οποίας τη γέννηση θα εξηγήσουμε ευθύς αμέσως, είναι αυτή που έχρισε τη λειτουργική βλέψη ανώτερη της χρονολογικής.

Το 1898 ο Τ. έσκαψε σε πέντε ημέρες, σύμφωνα με το ημερολόγιο της ανασκαφής, στη Σίφνο πάνω στο μικρό λόφο του Άγιου Ανδρέα, μια ακρόπολη της εποχής του χαλκού. Σύμφωνα με τον Τ. η ακρόπολη περιβάλλεται από δύο τείχη που απέχουν μεταξύ τους δύο μέτρα περίπου. Τον ελεύθερο μεταξύ των τειχών χώρο ο Τ. τον ονόμασε «δρόμο» (εικ. 3α). Το εξωτερικό τείχος έχει πλάτος 1,30 με 1,60μ. και το εσωτερικό 2,40 με 4,10μ. Στο εσωτερικό τείχος υπάρχουν σε ακανόνιστες αποστάσεις εξ μικροί τετράγωνοι πύργοι, ενώ στη βόρειο-δυτική πλευρά της ακρόπολης υπάρχει ένας μεγάλος πύργος ο οποίος ξεκινά από το εσωτερικό τείχος, διασχίζει τον δρόμο του Τ. και προεκτείνεται πέρα του εξωτερικού τείχους. Αυτός ο μεγάλος πύργος ανήκει κατά τον Τ. και στα δύο τείχη και η θέση του έκοβε την επικοινωνία μεταξύ του δρόμου του βόρειου μέρους και εκείνου του νότιου μέρους της ακρόπολης.

Για τον Τ. ήταν ξεκάθαρο ότι υπήρχε εδώ ένα αμυντικό σύστημα, γιατί ο μεγάλος πύργος είχε ως πρωταρχική λειτουργία τη διακοπή του δρόμου και τη διαίρεσή του σε δύο μέρη, «*ώστε αν εχθρός τις κατώρθωνε να γίνει κύριος του ενός τμήματος του εξωτερικού τείχους, δεν ήτο κύριος και του ετέρου... διότι οι εχθροί είναι αναγκασμένοι να βαδίζωσιν υπό τους πύργους, οίτινες προέχουσιν τόσο, ώστε μεταξύ αυτών και του εξωτερικού τείχους να μένει δίοδος χωρούσα έναν μόνον άνδρα.*» (Τ.1899: 132-134). Στη σελίδα 36-37 του Δ.Σ. ξαναβρίσκουμε ακριβώς τον ίδιο συλλογισμό διατυπωμένο με τις ίδιες σχεδόν λέξεις. «*Διότι εάν π.χ. ο εχθρός υπερέβαινε το εξώτατον τείχος εις μέρος τι, δεν εγίνετο αμέσως κύριος όλης της ακροπόλεως, ουδέ καν ενός όλου περιβόλου... διότι εισερχόμενοι (οι εχθροί) ευρίσκοντο εις στενώτατον δρόμον, εις τον οποίον ελάχιστοι μόνον εχώρουν, και ούτοι ώφειλον να σταθώσιν εις γραμμήν ουχί κατά μέτωπον, αλλά κατά βάθος*». Ο Τ. τελειώνει το κείμενό του στην *Αρχαιολογική Εφημερίδα* (σ.134), όντας βέβαιος ότι αυτό το σύστημα οχύρωσης ήταν πολύ παλιό στα νησιά του Αιγαίου και το συγκρίνει με τις πιο παλιές, για αυτόν, ακροπόλεις της Χαλανδριανής στη Σύρο και της Φυλακωπής στη Μήλο (εικ. 4 και 5). Οι δύο τελευταίες ακροπόλεις με διπλά τείχη κατά τον Τ, όπως θα δούμε αργότερα στο κεφάλαιο IV.1., στην πραγματικότητα δε γνώρισαν παρά μόνο ένα τείχος.

Εκτός από τις διαφορές στον τρόπο κατασκευής των δύο τειχών της ακρόπολης του Αγίου Ανδρέα που δείχνουν ότι είχαν κατασκευαστεί σε διαφορετικές εποχές (το εξωτερικό τοίχος κτίστηκε ακολουθώντας την «οδοντική ή δόντια του πριονιού» τεχνική, όπως το τείχος της Τροίας VI, και εκείνα του Alishar, του Tilmen Hüyük, της ακρόπολης του Γλα κλπ.), οι νεότερες ανασκαφές της Β. Φιλιππάκη στην ακρόπολη μας έδωσαν τη χρονολογική σειρά της κατασκευής τους (Φιλιππάκη 1973: 99-102).

Η Φιλιππάκη βρήκε κάτω από το μεγάλο πύργο ένα άλλο πιο μικρό που ανήκει στο εσωτερικό τείχος παρόμοιο με τους άλλους εξ. Συνεπώς το εσωτερικό τείχος προϋπήρχε της κατασκευής του μεγάλου πύργου. Επίσης, οι ανασκαφές της κατέδειξαν ότι ο δρόμος του Τ. δεν υπήρξε ποτέ, διότι ο χώρος μεταξύ των δύο τειχών ήταν γεμάτος από απορρίμματα, πέτρες και γη, σκόπιμα τοποθετημένα. Μπορούμε, έτσι, να δούμε καθαρά τι συνέβη στα τείχη της ακρόπολης.

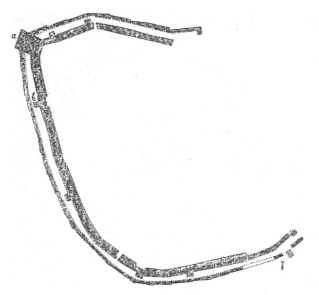

εικ. 3. α. Ανασκαφή του Τσούντα.

ΣΙΦΝΟΣ   ΑΚΡΟΠΟΛΙΣ ΑΓ. ΑΝΔΡΕΟΥ

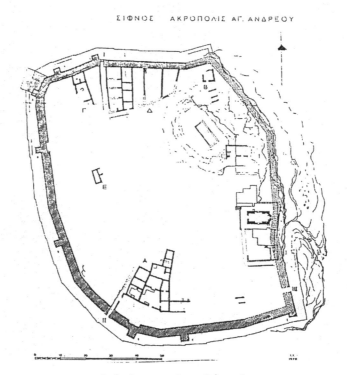

εικ. 3. β. Ανασκαφή της Φιλιππάκη

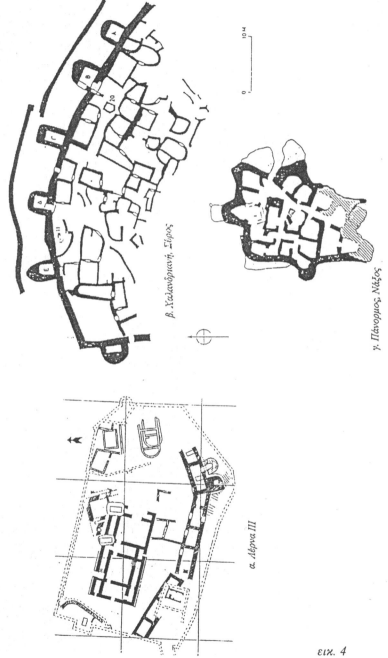

β. Καλανδριανή, Σύρος

γ. Πάνορμος, Νάξος

α. Λέρνα III

εικ. 4

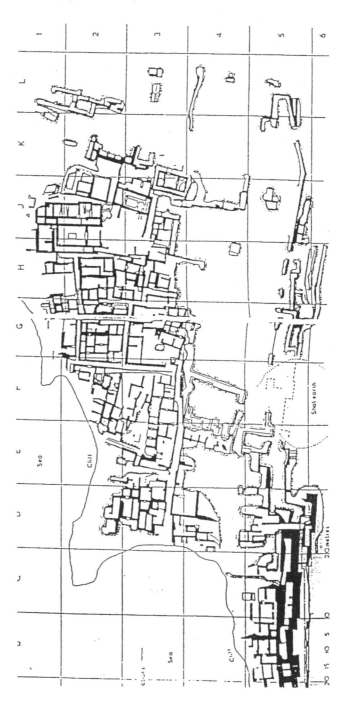

εικ. 5. Η τρίτη πόλη της Φυλακωπής (Atkinson T.D.)

Στην αρχή, κατά τη γνώμη μας, κτίστηκε το εσωτερικό τείχος με τους επτά πύργους του. Αργότερα χρειάστηκε να αυξηθεί το πάχος του τείχους και για το σκοπό αυτό αντί να κατεδαφιστεί και να κτιστεί στη θέση του ένα πιο παχύ, υιοθετήθηκε μια πιο εύκολη λύση: δηλαδή κατασκευάστηκε ένα εξωτερικό τείχος και ο χώρος μεταξύ των δύο τειχών γεμίστηκε με μπάζα. Έχουμε εδώ μια οχυρωματική τεχνική αρκετά διαδεδομένη στη 2η χιλιετία στην Ανατολή και στην Ελλάδα. Προφανώς, η ακρόπολη διέθετε για την άμυνά της πάντα ένα τείχος.

Αυτή η ακρόπολης μπορεί να θεωρηθεί ο ένοχος. Αυτή προμήθευσε στον Τ. όλα τα απαραίτητα στοιχεία για να πιστέψει στην ύπαρξη ενός αμυντικού συστήματος, αποτελούμενου από δύο ή και περισσότερους περιβόλους, που προστάτευε την κατοίκηση στην εποχή του χαλκού. Και καθώς τα αρχαιολογικά πνεύματα είναι κατά κάποιο τρόπο κατακυριευμένα από τη μανία της αναζήτησης της καταγωγής ενός πολιτισμικού φαινομένου, έτσι και ο Τ. πιθανώς σκέφτηκε ότι η καταγωγή του αμυντικού του συστήματος όφειλε να βρίσκεται σε μια προγενέστερη του χαλκού εποχή. Παρατηρώντας λοιπόν τα αρχιτεκτονικά λείψανα του Διμηνιού στο σύνολό τους, όπως τα είχε αποκαλύψει ο Στάης, βρέθηκε μπροστά σε ένα απροσδόκητο δώρο, γιατί υπήρχε εκεί το σημείο εκκίνησης του συστήματός του, η προέλευσή του, αφού το Διμήνι έχει περισσότερους περιβόλους από τον Άγιο Ανδρέα και ανήκει σε μια προγενέστερη εποχή.

Γιατί, επομένως, να μην είμαστε βέβαιοι ότι η λειτουργική ερμηνεία, στη περίπτωση του Τ., είχε προηγηθεί της χρονολογικής αποκατάστασης;

Δεν υπήρχε στα ενδιαφέροντα του Τ. η εξαντλητική έρευνα των στρωματογραφικών λογικών σχέσεων, γεγονός που ενδεχομένως θα μπορούσε να είχε καταστρέψει όλη του τη θεωρία. Αν ο Τ. είχε σκάψει μέχρι το σταθερό τα τείχη του Αγίου Ανδρέα, θα είχε αναμφίβολα βρει αυτά που βρήκε η Φιλιππάκη και το αμυντικό του σύστημα δε θα είχε ποτέ γεννηθεί. Το αυτό ισχύει και για το Διμήνι. Ο Τ. στην πρώτη περίπτωση ξόδεψε πέντε ημέρες, στη δεύτερη δέκα πέντε, ενώ σήμερα για να σκάψουμε παρόμοιες θέσεις, απαιτείται πολύχρονη ανασκαφική εργασία.

I.5. Δύο διαφορετικές υποθέσεις

Το 1974 στο Διμήνι αρχίζουν νέες ανασκαφές υπό τη διεύθυνση του Γ. Χουρμουζιάδη, ο οποίος δημοσίευσε τα αποτελέσματα των ανασκαφών του σε μια μονογραφία με τον τίτλο *Το νεολιθικό Διμήνι* (1979).

Ο κύριος αντικειμενικός σκοπός του νέου ανασκαφέα προσανατολίζεται στην εξήγηση του μνημείου στο σύνολό του. Ο Χ.(Χουρμουζιάδης) δεν ενδιαφέρεται ιδιαίτερα για τη χρονολογική σειρά των περιβόλων και των άλλων δομών. Το μνημείο θα παραμείνει μορφολογικά το ίδιο, θα εμπλουτιστεί μόνο με μερικές καινούριες δομές που αποκάλυψαν οι νέες ανασκαφές.

Ο Χ. αρνείται να παραχωρήσει στους περιβόλους το ρόλο των οχυρώσεων. Πιστεύει ότι οι περίβολοι μαζί με τις άλλες προσκολλημένες σε αυτούς δομές οροθετούσαν την ιδιοκτησία και τους χώρους οικοτεχνικών δραστηριοτήτων. Ο Τ. στο σύνολο του συμπλέγματος των δομών έβλεπε ένα αμυντικό σύστημα, ενώ ο Χ. βλέπει ένα σύστημα οικοτεχνικών δραστηριοτήτων. Ο ένας συνέλαβε την ερμηνεία του συμπλέγματος μέσα από τον κόσμο της πολεμικής τέχνης, ο άλλος μέσα από εκείνο της οικιακής οικονομίας, αλλά εννοείται ότι είναι δυνατόν να επινοήσουμε και να προτείνουμε πλήθος άλλων ερμηνευτικών υποθέσεων. «Ο αρχαιολόγος, στη διάρκεια της ανασκαφής, οφείλει να δει και να καταλάβει τα πάντα. Όμως, αν υπάρχει μια βασική αρχή της έρευνας, αυτή είναι ότι δε βλέπουμε και δεν καταλαβαίνουμε παρά αυτό που έχουμε προετοιμαστεί να δούμε και να καταλάβουμε» (Léroi-Gourhan 1963: 50).

Πράγματι, μεταξύ της φιλοσοφίας της μεθόδου εργασίας του Τ. και εκείνης του Χ. δεν υπάρχουν ουσιαστικές διαφορές: αυτός είναι ο λόγος που οι νέες ανασκαφές στο Διμήνι δεν έδωσαν καινούρια στοιχεία τα οποία θα μπορούσαν να μας βοηθήσουν στη λύση του προβλήματος, που θέτει το σύμπλεγμα των δομών του. Η διαφορά της ερμηνευτικής κατασκευής του Χ. σε σχέση με εκείνη του Τ. δε βρίσκεται στη μέθοδο της αλλά στην υπόθεσή της, αν και ο Χ., ο οποίος προσέγγισε το Διμήνι εμπνευσμένος από τις αρχές της *νέας αρχαιολογίας*, που ήταν τότε στη μόδα, πιστεύει το αντίθετο. «*Ίσως πρέπει να πούμε πώς ήταν μια μέθοδος θεμελιωμένη πάνω στα δεδομένα μιας άλλης εποχής, στην αντίληψη μιας άλλης αρχαιολογίας*» (Χουρμουζιάδης 1979: 58). Τα διανοητικά διαβήματα της αρχαιολογικής έρευνας και γενικά της επιστημονικής ήταν και παραμένουν πάντα τα ίδια. Εκείνο που μπορούμε μόνο να αλλάξουμε είναι ο τρόπος της διατύπωσής τους και μια νέα διατύπωση, όπως υπήρξε η περίπτωση της νέας αρχαιολογίας, εντυπωσιάζει περισσότερο από τη σχολαστικότητά της παρά από τη γονιμότητά της.

Στη σελίδα 58 του βιβλίου του ο Χ. μας λέγει ότι ο Τ. ονόμασε τους περιβόλους του Διμηνιού «*οχυρωματικούς περιβόλους*»... «*γιατί στηρίχτηκε μονάχα στη μορφολογία των κατασκευών και όχι στην ερμηνεία ενδεχομένων στοιχείων κοινωνικής συμπεριφοράς, που είναι δυνατόν να εντοπιστούν με τη μελέτη των κινητών ευρημάτων και την περιγραφή συγκεκριμένων χωροταξικών συσχετισμών».* Αλλά θα δούμε λεπτομερειακά στην ανάλυση της κατασκευής του Τ., ότι αυτός έκανε ακριβώς αυτό που ο Χ. τον κατηγορεί ότι δεν έκανε. Δηλαδή η λέξη σύστημα στο Τ. απορρέει από τους συγκεκριμένους χωροταξικούς συσχετισμούς πάνω στο σύνολο των περιβόλων και των άλλων δομών (βλ. κεφ. II. 2) και Δ.Σ. σ. 36-37). Ενώ η σημασιολογία της λέξης οχύρωση βρίσκεται στο κείμενο που ακολουθεί αμέσως εκείνο που αποδεικνύει το σύστημα (σ. 37). Η σχέση αυτών των δύο λέξεων δίνει το αμυντικό σύστημα οχύρωσης. Ο τεμαχισμός της ακρόπολης, από τους περιβόλους και τις άλλες δομές σε πολλαπλούς αυτόνομους χώρους, σήμαινε για τον Τ. ένα σύστημα οχύρωσης, ενώ για τον Χ. σημαίνει οροθετημένους χώρους στους οποίους αναπτύσσονταν διάφορες οικοτεχνικές δραστηριότητες.

I.6. ´Ενα εκκεντρικό μνημείο.

Η κατασκευή του Τ. υπέρ του δέοντος περίπλοκη πέρασε· στην αρχαιολογική βιβλιογραφία χωρίς ποτέ κανείς να διερωτηθεί αν θα μπορούσε να ανταποκριθεί σε κάποια αρχιτεκτονική πραγματικότητα. ´Ολοι οι συγγραφείς που μελέτησαν με τον ένα ή τον άλλο τρόπο την ελληνική προϊστορία αναφερόμενοι στο Διμήνι αναπαράγουν, αν όχι την ερμηνεία του Τ., τουλάχιστον το σχέδιο της ακρόπολης, όπως αποτυπώθηκε, χωρίς να επιφέρουν ουσιαστικές τροποποιήσεις[4]. Εν τούτοις, το

---

4. Μετά από μια συζήτηση που είχαμε, πριν από αρκετό καιρό, με τον προϊστοριολόγο Ι. Ασλάνη προσπάθησα να του εξηγήσω ότι οι εξ περίβολοι του Διμηνιού δεν είναι σύγχρονοι και ότι υπάρχουν διάφορες χρονολογικές φάσεις στην διάρκεια των οποίων η θέση περιεβάλλετο σε κάθε φάση από δύο μόνο περιβόλους (Λιανέρης 1983: 112, σημ. 10). Ο συνομιλητής μου την ιδέα αυτή δεν την άφησε να χαθεί και την αξιοποίησε με το δικό του τρόπο (Ασλάνης 1990). Βασιζόμενος πάνω στο σχέδιο της ακρόπολης και συγκρίνοντάς το με άλλες περίφρακτες βαλκανικές θέσεις, από δύο πασσαλόκτιστους φράχτες, πολύ κοντά ο ένας στον άλλο, συμπέρανε ότι το ίδιο σύστημα όφειλε να υπάρχει και στο Διμήνι. ´Ετσι, ο Ασλάνης, ακολουθώντας το σχέδιο της ακρόπολης αφού παρατηρεί, ότι ο πρώτος περίβολος είναι πολύ κοντά στον δεύτερο, ο τρίτος στον τέταρτο και ο πέμπτος στον έκτο προτείνει για το Διμήνι τρεις χρονολογικές φάσεις, έχοντας η κάθε μια δύο περιβόλους: η πρώτη τον πρώτο και τον δεύτερο περίβολο κλπ. Μεταξύ της αναδιάταξης των περιβόλων του Ασλάνη και εκείνης που θα προτείνουμε εμείς υπάρχουν ουσιαστικές διαφορές προκύπτου-

28

σύμπλεγμα του Διμηνιού, θεωρούμενο ως σύστημα οχύρωσης, παρά την τυπική αποδοχή του από την κοινότητα των προϊστοριολόγων, προσφέρει μια αμυντική διάταξη υπερβολικά πολύπλοκη, γεγονός που την καθιστά άχρηστη και συγχρόνως ανεξήγητη. Για αυτό το λόγο, ίσως, ο Childe χαρακτήρισε το σχέδιο της ακρόπολης «abnormal» και «eccentric». Μια αμυντική, λοιπόν, διάταξη ανεξήγητη γιατί είναι μοναδική στον προϊστορικό κόσμο, γεγονός που θέτει αγωνιώδη ιστορικά προβλήματα ως προς την αυθεντικότητά της, εκτός αν για κάποια μικρή χρονική περίοδο εφαρμόστηκαν στην περιοχή του Διμηνιού κανόνες επίθεσης και άμυνας άγνωστες στον υπόλοιπο κόσμο. Επίσης, είναι άχρηστη γιατί διευκολύνει την άλωση της ακρόπολης αντί να την προστατεύει αποτελεσματικά (εικ. 6). Η ίδια αντίρρηση ισχύει και για οποιαδήποτε άλλη λειτουργία που θα μπορούσαμε να αποδώσουμε σε αυτό το μυστηριώδη λαβύρινθο. Αν, για παράδειγμα, βλέπαμε σε αυτόν κάποιο είδος ποιμνιοστασίου (Vermeule 1964), θα έπρεπε τότε να φανταστούμε ένα σύστημα κτηνοτροφίας και διαχείρισης των κοπαδιών ολωσδιόλου πρωτότυπο, και μοναδικό, αφού ο κόσμος της κτηνοτροφίας όλων των εποχών δεν προσφέρει κάτι παρόμοιο.

Όφειλε, επομένως, να φαίνεται, τώρα και μερικές δεκαετίες, στοιχειώδες στους ερευνητές, ότι θα έπρεπε να είχαν ασχοληθεί με την εκκεντρικότητα και τη μοναδικότητα του μνημείου πριν από κάθε άλλη προσπάθεια ερμηνείας του. Όμως μέχρι σήμερα δεν έκαναν παρά ακριβώς το αντίθετο. Εμείς θα προσπαθήσουμε να δώσουμε στο Διμήνι μια φυσιολογική φυσιογνωμία, να αποκαταστήσουμε, όσο είναι δυνατό, στο παραμορφωμένο πρόσωπό του τα κανονικά του χαρακτηριστικά. Για την επιχείρηση αυτή δε διαθέτουμε θαυματουργά θεραπευτικά μέσα. Τα εργαλεία μας είναι απλά, τόσο απλά όσο και παλιά. Υπάρχουν από τότε που η ορθολογική σκέψη προσπαθεί να αναπαραστήσει και να εξηγήσει τα διάφορα φαινόμενα αυτού του κόσμου με τις δικές της συλλογιστικές δυνατότητες. Θα επιχειρηματολογήσουμε, όπως θα έλεγε ο Πλάτων (Τίμαιος 27 c), με ένα τρόπο λογικά διατυπωμένο (*επομένως ειπείν*). Ιδού τι προτείνουμε να πράξουμε στα επόμενα κεφάλαια.

σες από μια τελείως διαφορετική μεθοδολογική προσέγγιση. Όσον μας αφορά προτιμήσαμε να αναδιοργανώσουμε την χωροταξία του Διμηνιού ακολουθώντας την εσωτερική λογική των δομών του και όχι την εξωτερική τους εμφάνιση.

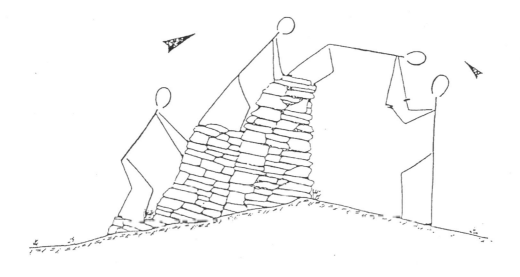

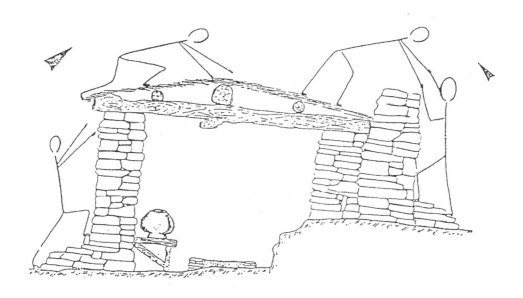

εικ. 6. Τα αδύνατα σημεία της οχύρωσης του Διμηνιού (Χουρμουζιάδης 1979)

II. Η ΚΑΤΑΣΚΕΥΗ ΤΟΥ ΤΣΟΥΝΤΑ

II.1. Περίληψη του πρώτου κεφαλαίου: Η ακρόπολις του Διμηνίου.

Στο βιβλίο του η επεξεργασία της ακρόπολης καταλαμβάνει το πρώτο κεφάλαιο (σ. 27- 68). Αρχίζει το κείμενό του αφιερώνοντας τις σελίδες 27-30 και το μισό της σελίδας 31 στην ταυτότητα του μνημείου. Στη συνέχεια ακολουθεί το υποκεφάλαιο *1 οι περίβολοι της ακροπόλεως* (σ. 31-49), όπου περιγράφει στην αρχή την κατάσταση της διατήρησης και της διάταξης των εξ περιβόλων. Συνεχίζει με την περιγραφή των πυλών και των τοίχων που σχηματίζονται με την προέκταση των παραστάδων τους (σ. 31-36). Αμέσως μετά ερμηνεύει το σύνολο του περιγεγραμμένου υλικού στηριζόμενος σε ορισμένα δεδομένα που ανέδειξε στη διάρκεια της περιγραφής του. Η ερμηνεία που δίνει είναι ότι υπάρχει εδώ ένα αρχιτεκτονικό σύστημα με τη στρατιωτική έννοια της λέξης.

Συνεχίζει το λόγο του με την τεχνική και μορφολογική περιγραφή των περιβόλων (σ. 37- 39) και αναπτύσσει ένα συλλογισμό με τον οποίο επιχειρεί να υπολογίσει το ύψος των περιβόλων και να εξηγήσει τον τρόπο με τον οποίο λειτουργούσαν (σ.39-42). Η λειτουργία τους είναι αμυντική (οχυρώσεις).

Στις σελίδες 41-43 περιγράφει τρεις μυστηριώδεις κατασκευές για τις λειτουργίες των οποίων δεν είναι βέβαιος. Δε θα τις λάβουμε υπόψη μας στην ανάλυση και στην αποκατάσταση. Μετά, περιγράφει τις στρωματογραφικές του παρατηρήσεις και διάφορες επεμβάσεις που μπόρεσε να παρατηρήσει στην κατασκευή των περιβόλων, όπου διακρίνει δύο ηλικίες ή εποχές (σ.43-47). Στο τέλος της σελίδας 48 περιγράφει τα λείψανα ενός τοίχου για τον οποίο δεν είχε μιλήσει πρωτύτερα: πρόκειται για τα υπολείμματα ενός περιβόλου, ο οποίος του μαρτυρεί μια αρχαιότερη ηλικία ή εποχή. Περατώνει τις ενέργειές του στους περιβόλους συμπεραίνοντας. «*Οπωσδήποτε συνάγομεν εκ τούτου, ότι πρέπει να διακρίνωμεν εν τη ιστορία των τειχών του Διμηνίου τρεις ηλικίας ή εποχάς...Ταύτα αποδεικνύουν, ότι η ακρόπολις έσχε κατά τον λιθικόν αιώνα-διότι είπομεν ήδη (σ. 29) ότι οι περίβολοι πάντες εις τούτον ανάγονται-μακράν ιστορίαν και πολλάς περιπετείας...Καθόλου δε η ιστορία των οχυρωμάτων φαίνεται μαρτυρούσα, ότι μεταξύ δευτέρας και τρίτης ηλικίας ουδεμία επήλθεν αλλαγή των κατοίκων της ακροπόλεως, το αυτό δε είναι πιθανόν και περί του μεταξύ πρώτης και δευτέρας ηλικίας διαστήματος. Πρός την μαρτυρίαν ταύτην των τειχών συμφωνούσι τα λοιπά ευρήματα του λιθικού αιώνος, διότι ανήκουσι πάντα εις την δευτέραν ή νεωτέραν περίοδον αυτού και είναι κατά πάσας τας ηλικίας των περιβόλων λίαν ομοιόμορφα».*

Η περιγραφή των οικιών αρχίζει στην σελίδα 49, υποκεφάλαιο 2. *Οικήματα του λιθικού αιώνος.* Μετά από κάποιες γενικότητες βρίσκουμε μια πρώτη υποδιαίρεση: *α. Οικήματα του πρώτου περιβόλου,* όπου περιγράφει το μέγαρο Α και τις άλλες δομές. Και εδώ διακρίνει τρεις ηλικίες ή εποχές και ερμηνεύει τη λειτουργία του μεγάρου και της κεντρικής αυλής μπροστά από αυτό, αναφερόμενος σε ένα εδάφιο της Ιλιάδας (Η 345-346) (σ.59).

Μια δεύτερη υποδιαίρεση, *β. Οικήματα του τρίτου περιβόλου,* πραγματεύεται τα μέγαρα και τις άλλες δομές που βρίσκονται μεταξύ του δευτέρου και του τρίτου περιβόλου (σ. 59-65).

Ακολουθεί το υποκεφάλαιο *3* με τον τίτλο *Λείψανα του χαλκού αιώνος,* όπου περιγράφει τα αρχιτεκτονικά ίχνη της εποχής του χαλκού. Το πρώτο κεφάλαιο τελειώνει εδώ.

Στην προσπάθειά μας, που αναζητά τη λογική έννοια των περιβόλων πάνω στο μικρό λόφο του Διμηνιού, η ανάλυση του κειμένου που αφορά στις κατοικίες δε θα είχε κανένα ιδιαίτερο ενδιαφέρον. Αντίθετα, στην ίδρυση των λογικών σχέσεων μεταξύ των περιβόλων, θα ζητήσουμε τη βοήθειά τους.

Το πρώτο κεφάλαιο του Τ., του οποίου τις υποδιαιρέσεις μόλις παρουσιάσαμε, μπορεί να θεωρηθεί ως μια αυτοτελής σχεδόν μονογραφία. Πράγματι, μπορούμε να ανιχνεύσουμε σε αυτό τρεις από τις τέσσερις πράξεις που συγκροτούν μια μονογραφία.

α. **ταυτότητα του μνημείου**: ορισμός του πεδίου και των αντικειμενικών σκοπών της μελέτης, μεταξύ των σελίδων 27-31, αλλά όπου οι αντικειμενικοί σκοποί δεν εκτίθενται με σαφήνεια.

β. **περιγραφή του μνημείου**: κατάσταση των γνώσεων και χαρακτηρισμός των αρχικών δεδομένων που θα συγκρατήσει η κατασκευή. Στο πρώτο κεφάλαιο του Τ. η περιγραφή αναπτύσσεται στα τρία υποκεφάλαια.

γ. **ερμηνεία**: επαγωγική φάση, σχηματισμός της ερμηνευτικής υπόθεσης. Στο πρώτο κεφάλαιο του Τ. η διάρθρωση αυτή δεν αποτελεί μια ξεχωριστή πράξη, αλλά μπορούμε να την αποκαταστήσουμε συλλέγοντας τα διάφορα μέρη της, που κατά κανόνα βρίσκονται μετά από κάθε περιγραφή των δομικών στοιχείων του μνημείου.

δ. **επικύρωση**: παραγωγική φάση, εμπλοκή της υπόθεσης. Η φάση αυτή δεν υπάρχει στο πρώτο κεφάλαιο του Τ. δεδομένου ότι αυτό αποτελεί μέρος μιας έκδοσης που πραγματεύεται την ακρόπολη του Διμηνιού αλλά και εκείνη του Σέσκλου. Ο Τ. προτίμησε να παρουσιάσει στο ένατο κεφάλαιο τιτλοφορούμενο *Επίλογος*, τις διάφορες παραγωγικές φάσεις αναφερόμενες στα διάφορα σύνολα δεδομένων που πραγματεύεται η ολότητα του βιβλίου. Έτσι, θα βρούμε την παραγωγική φάση που αφορά το αρχιτεκτονικό σύμπλεγμα του Διμηνιού (περίβολοι και οικήματα), μεταξύ των σελίδων 386 -395 του επιλόγου και υπό τον τίτλο *Παραβολαί προς ελληνικάς χώρας.*

Σχήμα 1.
Οι διαρθρώσεις μιας μονογραφίας. Η δομή της μονογραφίας του Τ.

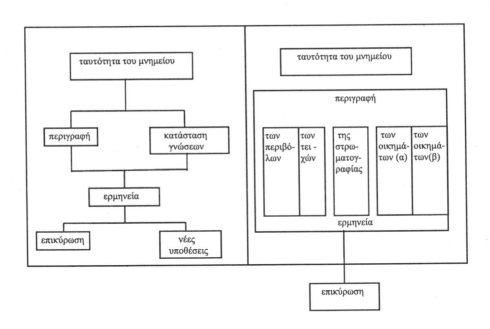

II.2. παρουσίαση σε πίνακες του κειμένου του Τ [5].

α. Ταυτότητα

α. Κατηγορία του μνημείου	*«Λείψανα προϊστορικής ακροπόλεως περιβαλλομένης από πλειόνων τειχών».*
α.1. Ιδιότητες α.1.1 Καταγωγή	Στις άκρες της πεδιάδας του Βόλου υπάρχει μια ταπεινή οροσειρά, στους πρόποδές της κείται το χωριό Διμήνι. *«Προ του χωρίου* **λόφος υψούται φυσικός»**, επί του οποίου, *«ενεφανίσθησαν λείψανα προϊστορικής ακροπόλεως περιβαλλομένης από πλειόνων τειχών».*
α. 1.2	*«Ο λόφος, εφ' ου κείται η ακρόπολις του Διμηνίου, αποτελείται κατά το πλείστον εκ σχιστολίθου, υψούται δε υπεράνω της πεδιάδος ουχί πλέον των 16 μέτρων... Αι πλευραί κατέρχονται προς μεσημβρίαν και δυσμάς ήρεμα, μάλλον δε ορθία είναι η ανατολική, ενώ η βορεία μέχρι τινός μεν κατέρχεται μετά μικράς κλίσεως, όλως προς το άκρον δε είναι μάλλον ή ήττον απόκρημνος. Καθόλου η θέσις δεν είναι εκ φύσεως οχυρά και ένεκα τούτου ήσαν λίαν αναγκαίοι οι πολλαπλοί οχυρωματικοί περίβολοι».*
α. 2. Εποχή	***«Τα οχυρωματικά έργα της ακροπόλεως του Διμηνίου και τα πλείστα των υπ' αυτών περικλειομένων οικοδομημάτων ανήκουσιν εν γένει μεν εις την νεωτέραν περίοδον του λιθικού αιώνος, σαφή όμως τεκμήρια αποδεικνύουσιν, ότι πρέπει να διακρίνωμεν πάλιν εν αυτή τρεις διαφόρους ηλικίας ή εποχάς».***

Ανάλυση 1. Στην ταυτότητα του μνημείου, οφείλουμε αναγκαστικά να προσθέσουμε και να προσδιορίσουμε τους αντικειμενικούς σκοπούς της μελέτης. Στον Τ. δεν υπάρχουν. Συνεπώς, δε γνωρίζουμε τους αντικειμενικούς της σκοπούς. Γιατί την επιχειρεί; Για να εκθέσει μόνο αναλυτικά τα παρατηρούμενα αρχαιολογικά δεδομένα του λόφου του Διμηνιού και να τα κάνει γνωστά, δια μέσου της δημοσίευσής του, στην αρχαιολογική κοινότητα; Οπωσδήποτε όχι, γιατί οι περιγραφές του δεν φέρουν τον δυαδισμό που θα ευχόμαστε να παρατηρούμε στην αρχαιολογική φιλολογία: δηλαδή, από τη μια μεριά την τάξη της αντίληψης (περιγραφή, ίδρυση των ιδιοτήτων etic) και από την άλλη μεριά, την τάξη της γνώσης (επιλεκτική βλέψη, ίδρυση των ιδιοτήτων emic).

Θα επιχειρήσουμε να αποκαλύψουμε τους αντικειμενικούς σκοπούς του Τ. παραθέτοντας σε προτάσεις τις διάφορες κατάλληλες ιδιότητες που επέλεξε για την ανάγνωση του μνημείου, (με μαύρα στην παρουσίαση σε πίνακα της ταυτότητας).

Αγνοώντας τα όσα συνέβησαν στον ΄Αγιο Ανδρέα της Σίφνου (Ι. & 4) και περιορι-

---

5. Στην παρουσίαση του κειμένου του Τ. συνοψίζουμε το κείμενο χωρίς καμιά επέμβαση εκ μέρους μας. Οι περιγραφικές περιλήψεις περιέχουν τις κατάλληλες ιδιότητες βάση των οποίων σχηματίζεται η ερμηνευτική του υπόθεση.

ζόμενοι στο κείμενο της ταυτότητας, θέσαμε το ακόλουθο ερώτημα: πώς να συνοψίσουμε τη σκέψη του Τ. για να δείξουμε ότι στο κείμενο της ταυτότητας υπάρχουν οι αντικειμενικοί του σκοποί, η υπόθεσή του και ότι αυτή η τελευταία επιβάλλεται a priori; Οι έννοιες που την υποστηρίζουν είναι αυθαίρετες:

α. η ακρόπολις

β. το σύγχρονο των περιβόλων

γ. η αμυντική τους φύση

Η απόδειξη είναι απλή. Παίρνουμε τις διάφορες κατηγορίες του πίνακα και επιλέγουμε τις φράσεις με μαύρα από τις οποίες σχηματίζουμε προτάσεις:

α. 1.1. φυσικός λόφος

α. 1.2. η θέσις δεν είναι εκ φύσεως οχυρά

α. 1.2. πολλαπλοί οχυρωματικοί περίβολοι

α. 2. οχυρωματικά έργα

Αν υπάρχει ένας φυσικός λόφος (p) και αν δεν είναι εκ φύσεως οχυρός (q), τότε έχουμε οχυρωματικά έργα (s) αυτή η ενέργεια υπονοεί ότι οι περίβολοι είναι σύγχρονοι (t) και συνεπώς σχηματίζουν ένα αμυντικό σύστημα (u), το σύνολο υπονοεί ακρόπολη.

$$((p \cdot q) = (r \cdot s)) = ((t \cdot u) = (v))$$

Οι αντικειμενικοί σκοποί του Τ. συνοψίζονται έτσι: θεωρώντας σύγχρονους όλους τους περιβόλους και τις άλλες δομές στη τρίτη φάση τους (ή ηλικία κατ' αυτόν), θα προσπαθήσει να αποδείξει:

α. ότι οι περίβολοι και οι άλλες δομές σχηματίζουν ένα αρχιτεκτονικό σύστημα με τη στρατιωτική έννοια.

β. ότι οι περίβολοι είναι τείχη και ότι λειτουργούσαν επομένως ως οχυρώσεις.

Η ένωση των δύο αυτών δεδομένων δίνει τον κύριο αντικειμενικό του σκοπό; την υπόθεση αμυντικό σύστημα.

β. Περιγραφή των περιβόλων: τακτική της επιλογής των ιδιοτήτων του αμυντικού συστήματος

β.1. Μορφολογική περιγραφή

β.1. 1. ο αριθμός τους	εξ
β.1. 2. η κατάσταση της διατήρησής τους	Ο Τ. χωρίζει την ακρόπολη σε δύο μέρη: ανατολικό και δυτικό. Περιγράφει κατ' αρχάς τους περιβόλους που βρίσκονται στο δυτικό μέρος. Οι τρεις πρώτοι διατηρούν όλο τους το μήκος μεταξύ των πυλών του βορά (εικ. 2 μεταξύ των σημείων 6 και 12). Στον τέταρτο λείπει ένα μικρό μέρος προς τη βορειοδυτική γωνία (τετρ. Γ 5), ο τοίχος (36) (τετρ. Ι 7) ανήκει σε αυτόν το περίβολο. Οι τοίχοι 37 (τετρ. Α 5) και 38 (τετρ. Γ 8) ανήκουν πιθανώς στον έκτο περίβολο: είναι, εξάλλου, τα μόνα ίχνη που συνηγορούν υπέρ της ύπαρξης ενός έκτου περιβόλου. Για τους τοίχους 39 (τετρ. Δ 9), 40 (τετρ. Η 8), 41 (τετρ. Ι 7) ο Τ. δεν είναι βέβαιος. Πιστεύει, τελικά, ότι το τμήμα 41 και ενδεχομένως το 40 ανήκουν στον πέμπτο περίβολο. Στη περιγραφή του δυτικού μέρους της ακρόπολης ο Τ. δεν αναφέρεται στον τοίχο 14, 15 (τετρ. Δ, 4 και Ε, 5). Παραλείπουμε την περιγραφή του ανατολικού μέρους της ακρόπολης, γιατί η περιγραφή του Τ. ανταποκρίνεται τέλεια στη γραφική αποτύπωση της ακρόπολης.
β.1. 3. Η διάταξη των περιβόλων	Η απόσταση μεταξύ τους ποικίλει από 1 σε 15 μέτρα, αλλά σε μερικά σημεία είναι λιγότερο από ένα μέτρο. Έτσι έχουμε: Α. Ο τρίτος και ο τέταρτος εφάπτονται στη βορειοδυτική γωνία (Γ, 6). Β. Ο πρώτος και ο δεύτερος εφάπτονται στη νοτιοανατολική γωνία (Θ, 4) Γ. Ο τέταρτος και ο τρίτος ενώνονται προς την ανατολική πλευρά της ακρόπολης.
β.1. 4. Οι πύλες β.1.4.1. Η διάταξή τους	Οι πύλες των περισσοτέρων περιβόλων είναι ευθυγραμμισμένες. Στη βόρεια πλευρά της ακρόπολης, οι είσοδοι του πρώτου, του δεύτερου και του τέταρτου περιβόλου βρίσκονται στην ίδια γραμμή. Η είσοδος του πέμπτου τοποθετήθηκε λίγο δυτικότερα. Στη δυτική πλευρά είναι ευθυγραμμισμένες οι είσοδοι του πρώτου και του δευτέρου, αυτή του τρίτου βρίσκεται λίγο προς τα δυτικά. Στη δυτική πλευρά, υπήρχαν στην αρχή τρεις είσοδοι στον ίδιο άξονα, αυτή του πρώτου, του δεύτερου και του τρίτου, αλλά αργότερα η είσοδος του πρώτου καταδικάστηκε (α. Ε 5). Ο τέταρτος περίβολος δεν έχει είσοδο σε αυτό το σημείο. Ο τρίτος είχε ακόμα μια είσοδο προς τη βόρεια γωνία (23, Γ 5). Μια άλλη είσοδος ανήκει στον πέμπτο περίβολο (38, Γ 8).

36

β.1. 4. 2. Η προβολή των παραστάδων	«*Τα τείχη ως επί το πλείστον δεν απολήγουσι παρά τας εισόδους εις απλάς παραστάδας, αλλά προβάλλονται από των παραστάδων και τοίχοι κάθετοι ως σκέλη, δια των σκελών δε τούτων σχηματίζονται εις την βόρειαν, την μεσημβρινήν και την δυτικήν πλευράν δρόμοι ικανώς μακροί και τόσον στενοί, ώστε ουδέ δύο άνδρες δύνανται να σταθώσι κατά μέτωπον πλησίον αλλήλων... Τα από των παραστάδων των εισόδων εκφυόμενα σκέλη αποφράσσουσιν εν μέρει τους μεταξύ των περιβόλων χώρους και αφίνουσι στενάς μόνον διόδους, δια των οποίων ηδύνατο τις να εισέλθη εις αυτούς από των δρόμων· τας διόδους ταύτας ίσως έφρασσον πάλιν προχείρως, οσάκις ήτο ανάγκη. Διαρκώς δε ήτο διακεκομμένη η συγκοινωνία μεταξύ του δρόμου της δυτικής πλευράς και του μεσημβρινού τμήματος του μεταξύ των περιβόλων τρίτου και τετάρτου χώρου· διότι ανεκαλύφθησαν ενταύθα παρά την είσοδον 25 λείψανα τοίχου, όστις συνέδεε τον τρίτον περίβολον μετά του τετάρτου, ως εσημειώθη εν τω σχεδίω*» (Δ.Σ. 35 - 36)
β.1. 4. 3. Το πλάτος τους	«*Το πλάτος των σωζομένων εισόδων είναι μικρόν, ήτοι 0,85 μ. έως 1,10 μ. και μόνον η εν τω τμήματι 38 του έκτου περιβόλου είναι 1,60 μ. πλατειά.*»

Ανάλυση 2.. Ο Τ. διακόπτει εδώ την περιγραφή για να περάσει αμέσως στην επαγωγική φάση (ερμηνεία) των περιγραμμένων στοιχείων. Διαλέγει τις πρόσφορες ιδιότητες από τις περιγραφικές κατηγορίες β.1.1, β.1.2. κλπ. και μας εξηγεί: «*Δια των πολλαπλών περιβόλων, δια των παρά τας εισόδους σκελών και δια της ενώσεως δύο περιβόλων ή της μεγάλης στενώσεως του μεταξύ αυτών χώρου (ίδε σ. 34) η ακρόπολις ήτο κατατετμημένη εις πολλά τμήματα, έκαστον των οποίων ηδύνατο, κλειομένων ή φρασσομένων των πυλών και των διόδων, ν' αποχωρισθή εντελώς από των λοιπών. Αναμφιβόλως δ' η κατάτμησις αυτή σκοπόν είχε να καταστήση δύσκολον την άλωσιν της ακροπόλεως εξ εφόδου. Διότι εάν π.χ. ο εχθρός υπερέβαινε το εξώτατον τείχος εις τι μέρος, δεν εγίνετο αμέσως κύριος όλης της ακροπόλεως, ουδέ καν ενός όλου περιβόλου, αλλά το πολύ ημίσεως μόνον περιβόλου· το δ' έτερον ήμισυ αυτού έπρεπε να κυριευθή δια νέας εφόδου και κατόπιν ανάγκη ήτο να επαναληφθή το αυτό εις έκαστον περίβολον μέχρι του εσωτάτου. Καλυτέρα δεν ήτο η θέσις των εχθρών, εάν κατώρθωναν να εκβιάσωσι μίαν των εξωτερικών εισόδων· διότι εισερχόμενοι ευρίσκοντο εις στενώτατον δρόμον, εις τον οποίον ελάχιστοι μόνον εχώρουν, και ούτοι ώφειλον να σταθώσιν εις γραμμήν ουχί κατά μέτωπον, αλλά κατά βάθος...Οι πολιορκούμενοι...ηδύνατο ευκόλως να καταβάλωσι τους εν τω στενώ χώρω συστρεφομένους ολίγους αντιπάλους βάλλοντες κατ' αυτών εκ των έμπροσθεν και εκ των πλαγίων. Καθόλου δε η διάταξις των περιβόλων και των εισόδων αυτών μαρτυρεί πολλήν πείραν κτηθείσαν πιθανότατα εις μακράν χρόνον και συχνών πολιορκιών*» (Δ.Σ. 36- 38). Στο κείμενο αυτό βρίσκεται η υπόθεση του Τ., δηλαδή, ότι το σύνολο των περιβόλων και των

δορυφόρων τους σχηματίζουν ένα σύστημα οχύρωσης. Όμως, μέχρι εδώ, η μορφολογική περιγραφή καταδεικνύει ότι το αρχιτεκτονικό σύνολο παρουσιάζεται ως ένα σύστημα, η ιδιότητα οχύρωση είναι αυθαίρετη: δε βασίζεται σε καμιά παρατήρηση, υπάρχει στη σκέψη του Τ. αλλά όχι στο κείμενό του. Παρά ταύτα δε θα πούμε ότι η τυπική του λογική είναι ελαττωματική, έχει τη δική της μορφή, γιατί δεν προφέρει ένα κάποιο συμπέρασμα χωρίς να προτάξει τις προκείμενές της. Έτσι, αμέσως μετά θα ακολουθήσουν οι παρατηρήσεις που θα προσπαθήσουν να αποδείξουν την ιδιότητα της οχύρωσης.

β.2. Τεχνική περιγραφή

β. 2.1. Τα υλικά	*«Τα τείχη είναι εκτισμένα εκ μικρών αργών λίθων -συνήθως σκληρών πλακωτών σχιστολίθων- και πηλού».*
β.2.2 Η μορφολογία	*Συχνά δε τα τείχη δεν είναι κάθετα, αλλά κεκλιμένα ένεκα του χρόνου...περί τινών τμημάτων όμως είναι βέβαιον, ότι εξ αρχής ωκοδομήθησαν έχοντα κεκλιμένην την εξωτερικήν όψιν».*
β. 2.3. Το πάχος	*«Το πάχος των τειχών εις τα κατώτερα μέρη ποικίλλει από 0,60μ. μέχρι 1,40μ., αλλά συνήθως κυμαίνεται μεταξύ 0.80μ. και 1,00μ.»*
β. 2. 4. Τα θεμέλια	*«Καθόλου κατά την οικοδομήν των τειχών- και πολύ μάλλον των συνήθων τοίχων των οικοδομημάτων- δεν έσκαπτον θεμέλια, αλλ' απλώς ισοπέδωνον το έδαφος και έκτιζον επ' αυτού».*
β. 2.5. Το ύψος και η λειτουργία	Τα τείχη δε διατήρησαν όλο τους το ύψος. Εδώ τελειώνει η τεχνομορφολογική περιγραφή των τειχών (σ. 39). Στη συνέχεια αναπτύσσει ένα συλλογισμό με τον οποίο, χρησιμοποιώντας τις περιγραφικές κατηγορίες β. 2, 2, β. 2. 3 και β. 2. 4. προσπαθεί να υπολογίσει το πραγματικό ύψος των τειχών επικαλούμενος επίσης τον τρόπο με τον οποίο υπεράσπιζαν οι αμυνόμενοι την ακρόπολη. Συνοψίζουμε τις 68 γραμμές του Τ.. Λόγω της έλλειψης θεμελίων, τα τείχη δεν όφειλαν να ήταν πολύ ψηλά, το πάχος τους *«πλησίον των θεμελίων δεν υπερβαίνει κατά μέσον όρον το εν μέτρον, υψηλότερον δε πιθανώς εγίνετο μικρότερον»*, άρα, απουσία επάλξεων και *«οι αμυνόμενοι εμάχοντο ιστάμενοι ουχί επί των τειχών, αλλ' όπισθεν αυτών»*. Άρα τα τείχη θα έπρεπε να είχαν τουλάχιστον 1, 70μ. ύψος, (όσο το ύψος ενός νεολιθικού). Ο Τ. είχε παρατηρήσει ότι πίσω από τον πέμπτο περίβολο προς το ανατολικό κλίτος και πίσω από το βόρειο τμήμα της δυτικής πλευράς του δευτέρου περιβόλου υπήρχε γη καθαρή που είχε μεταφερθεί εκεί σκόπιμα. Επίσης σε όλη τη βόρεια πλευρά του στενού διαδρόμου μεταξύ τρίτου και τετάρτου περιβόλου υπήρχε ένα στρώμα πάχους 0,80 μ. από τρίμματα μαλακού σχιστόλιθου. Τούτο σημαίνει ότι το ύψος των τειχών της εσωτερικής όψης δεν όφειλε να ξεπερνά το ύψος του ανθρώπινου αναστήματος. Η εξωτερική όψη όφειλε να

38

ήταν πιο ψηλή για να μην είναι το τείχος «λίαν ευεπίβατον έπρεπεν εν άλλαις λέξεσι το έδαφος έσωθεν του τείχους να κείται ικανώς υψηλότερον ή έξωθεν αυτού. Επειδή δε αι πλευραί του λόφου είναι, ως είπομεν ανωτέρω, μάλλον ή ήττον κεκλιμέναι, διαφορά τις ύψους μεταξύ των δύο όψεων των τειχών πάντοτε υπήρχε· αλλ' ως επί το πολύ δεν ήτο επαρκής, και ένεκα τούτου ηναγκάζοντο να σωρεύωσιν έσωθεν των τειχών λίθους και χώματα ή καθαρά γην, την οποίαν ελάμβανον εκ των πέριξ, και ούτω να υψώνωσι το έδαφος, επί του οποίου έμελλον να πατώσιν οι αμυνόμενοι· κατ' αναλογίαν δε προς το ύψος της τεχνητής ταύτης επιχώσεως ηδύναντο να υψώνωσι και το τείχος.Το στρώμα του σχιστολίθου μεταξύ τρίτου και τετάρτου περιβόλου φθάνει μέχρι του στερεού και έχει πάχος 0, 80μ. Εάν λοιπόν εις αυτό προσθέσωμεν και 1, 70 του ανδρικού αναστήματος, έχομεν όλον ύψος της εσωτερικής όψεως του τείχους του τετάρτου περιβόλου εις την βόρειαν αυτού πλευράν 2, 50μ. περίπου. Η εξωτερική όψις ένεκα της κλίσεως του εδάφους ήτο υψηλοτέρα κατά 0, 30μ. έως 0. 40 μ., ούτω δε έξωθεν το τείχος είχεν ύψος 2, 80 μ. ή 2, 90 μ. περίπου».

Ανάλυση 3. Ο Τ. συμπληρώνει την επιχειρηματολογία του με νέες παρατηρήσεις που καταδεικνύουν ότι οι τοίχοι των περιβόλων λειτουργούσαν ως τείχη. Το οχυρωματικό του σύστημα συμπεραίνεται επομένως από το σύνολο των τεχνομορφολογικών παρατηρήσεων που πραγματοποιήθηκαν μέχρι τώρα στο μνημείο. Όμως τίποτα μέχρι τώρα δεν αποδεικνύει ότι έχουμε να κάνουμε με ένα οχυρωματικό σύστημα, γιατί η λειτουργία αυτή εξαρτάται, πρώτα από όλα, από την έννοια της συγχρονικότητας όλων των περιβόλων και αυτή η χρονολογική σχέση δεν έχει ακόμα αποκατασταθεί. Υπονοείται απλώς στο τμήμα της ταυτότητας του μνημείου (α. 1. 2.), όπου εμφανίζεται ως μια σχέση δεδομένη εκ των προτέρων. Έχουμε εδώ μια συμπληρωματική απόδειξη του «απριοριστικού» χαρακτήρα της υπόθεσης του Τ. Οι εμπειρικές παρατηρήσεις που όφειλαν να επαγάγουν την υπόθεση έρχονται μετά από αυτήν. Οι παρατηρήσεις αυτές στην πραγματικότητα παράγονται από την υπόθεση, τις οποίες στη συνέχεια ο Τ. θα προσπαθήσει να διαπιστώσει στο αντικείμενό του. Οι ιδιότητες των αντικειμένων όντας θεωρητικά άπειρες, θα βρούμε πάντα αυτές που η υπόθεση χρειάζεται και απαιτεί ή εκείνες που η υπόθεση μας έχει προετοιμάσει να καταλάβουμε και να δούμε.

Αν σε μια ιστορική επιστήμη η πρώτη υποχρέωση που έχουμε να εκπληρώσουμε, πριν από κάθε ερμηνευτική προσπάθεια, είναι να τακτοποιήσουμε στο χρόνο τα διάφορα δεδομένα ή τους διάφορους παράγοντες, για τον Τ. η προσπάθεια αυτή έρχεται τελευταία. Αφού μας εξήγησε τη λειτουργία του μνημείου στη συνέχεια καταπιάνεται με την ίδρυση των εξωτερικών προφανών. Θα αναζητήσει τις διαχρονικότητες μεταξύ των περιβόλων, αλλά η έρευνα αυτή δε θα μπορούσε ποτέ να αποδείξει κάτι άλλο εκτός από την ταυτόχρονη λειτουργία τους. Οι νέες του στρωματογραφικές, αυτή τη φορά, παρατηρήσεις θα παραχθούν από την αρχική ερμηνευτική υπόθεση. Εξάλλου ο Τ. θα ομολογήσει ειλικρινά, στην αρχή του εδαφίου που πραγματεύεται τις στρωματογραφικές παρατηρήσεις, ότι περιέγραψε τους περιβόλους του Διμηνιού *«ως αποτελούντας ενιαίον οχυρωτικόν σύστημα»* (σ. 43).

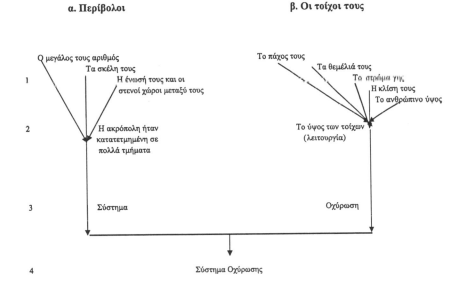

Σχήμα 2.

Η ανάπτυξη της σκέψης του Τ. σχετικά με την υπόθεση *«αμυντικό σύστημα»*. Πρόκειται για ένα δίκτυο όπου επισημαίνονται οι δρόμοι από τους οποίους μπορούμε να περάσουμε από τη μια έννοια στην άλλη κατά τη διάρκεια ενός συλλογισμού, δυνάμει ορισμένων συγγενικών εννοιολογικών σχέσεων, ένα δείγμα των οποίων μας προσφέρει το σχήμα.

α. ΄Αλλοτε το πέρασμα πραγματοποιείται από πολλές έννοιες προς την κατεύθυνση μιας σημαντικής ολοκλήρωσης (μετάβαση από το 1 στο 2).

β. ΄Αλλοτε η σχέση σκοπεύει δύο έννοιες εκ των οποίων η μία είναι ιδιότητα της άλλης (πέρασμα από το 2 στο 3, το σύστημα π.χ. είναι λειτουργική ιδιότητα της κατάτμησης της ακρόπολης).

γ. ΄Αλλοτε η σχέση ισοδυναμεί με το σχηματισμό μιας σύνταξης από δύο λεκτικές οντότητες (πέρασμα από το 3 στο 4).

β.3. Στρωματογραφική περιγραφή
(τακτική της ίδρυσης των εξωτερικών προφανών)

β. 3. 1.Συγκεκριμένη	Ο Τ. παρατήρησε ότι τον τρίτο περίβολο στην βορειοδυτική του γωνία διατρυπούσε ένας οχετός πλάτους 0, 20 μ. και ύψους 0, 25 μ. σκεπασμένος με πλάκες, που χρησίμευε «προς διοχέτευσιν αχρήστων υδάτων από του δαπέδου του χώρου 22 έξω του τρίτου περιβόλου». Αλλά γνωρίζουμε ότι στο διάδρομο μεταξύ του τρίτου και του τέταρτου περιβόλου υπήρχε στρώμα γης πάχους 0, 80 μ. Αυτό το στρώμα έφραζε το στόμιο του οχετού, επομένως ήταν σύγχρονο με τον τέταρτο περίβολο, εν πάση περιπτώσει δεν υπήρχε όταν κατασκευάστηκε και λειτουργούσε ο τρίτος περίβολος. Από αυτή την παρατήρηση μόνο ο Τ. συμπεραίνει αμέσως, ότι «η ακρόπολις κατά τίνα εποχήν περιεβάλλετο μόνον υπό των τριών εσωτέρων περιβόλων, έπειτα δε προσετέθησαν οι άλλοι τρεις. Η προσθήκη αυτή έγινε πιθανότατα κατόπιν σημαντικής καταστροφής, την οποία μαρτυρούσι μεγάλαι επισκευαί και ανακαινίσεις των τειχών των δύο εσωτέρων περιβόλων».
β. 3. 2. Λιγότερο συγκεκριμένη	Πρόκειται για ένα στρώμα καταστροφής που ο Τ. διέκρινε στους δύο πρώτους περιβόλους. Το στρώμα αυτό επικυρώνει την υπόθεσή του, ότι δηλαδή στην αρχή υπήρχαν μόνο οι τρεις πρώτοι περίβολοι, τους οποίους ξανάκτισαν μετά την καταστροφή τους προσθέτοντας ακόμα άλλους τρεις. Χαρακτηρίσαμε λιγότερο συγκεκριμένη την προφανή αυτή γιατί στο κείμενο του Τ. υπάρχει μια λογική ασυνέπεια την οποία προσπαθεί να δικαιολογήσει προβάλλοντας διάφορα επιχειρήματα (σ. 46 από τη γραμμή 11). Στον τρίτο περίβολο δεν παρατήρησε στρώμα καταστροφής, ανακαινίσεις ή επισκευές. Αλλά αφού οι τρεις πρώτοι καταστράφηκαν μαζί τότε γιατί η καταστροφή αυτή δεν είναι ορατή στον τρίτο, όταν αυτός θα έπρεπε να υποστεί τα περισσότερα αφού προστάτευε τους άλλους δύο; Αυτό μας οδηγεί να υποθέσουμε ότι έχουμε να κάνουμε με δύο στρώματα καταστροφής (ένα στον πρώτο και ένα στο δεύτερο), ότι οφείλονταν, ίσως, σε διαφορετικές αιτίες και ότι δεν είναι σύγχρονα, εν πάση περιπτώσει τίποτα δεν αποδεικνύει τη συγχρονικότητά τους.
Β. 3. 3. Μη συγκεκριμένη	Πρόκειται για τις επισκευές που παρατήρησε ο Τ. στον τέταρτο περίβολο. Είναι πεπεισμένος ότι αυτές έγιναν πολύ αργότερα από εκείνες των δύο πρώτων περιβόλων, αλλά δεν μας εξηγεί πού στήριξε τη χρονολογική διάκριση. Για το λόγο αυτό θεωρούμε ότι η προφανής αυτή δεν έχει καμιά αξία.

| β..3. 4. Προφανής; | Πρόκειται για μια παρανομία στη δομή της σύνταξης της μονογραφίας. Ο Τ. στο τμήμα που προσπαθεί να ιδρύσει τις μεταβλητές σε σχέση με το χρόνο επανέρχεται εκ νέου στην αρχική μορφολογική περιγραφή περιγράφοντας ένα περίβολο για τον οποίο δεν μίλησε καθόλου πρωτύτερα. Την ύπαρξη του περιβόλου αυτού μαρτυρεί, ίσως, ο τοίχος 14, 15 (τετρ. Ζ. 5 και Ε. 5). Λέμε ίσως, γιατί το κείμενο του Τ. δεν ανταποκρίνεται ακριβώς στη αποτύπωση του τοίχου. Κατ' αρχάς, αναφέρει ότι τα ίχνη του εν λόγω περιβόλου ανακαλύφθηκαν στη δυτική πλευρά της ακρόπολης μεταξύ του πρώτου και του δευτέρου περιβόλου. Πιο κάτω σημειώνει ότι «*το αποκαλυφθέν τμήμα είναι παράλληλο προς το του βορείου ημίσεος της δυτικής πλευράς του πρώτου περιβόλου*». Κοιτάζοντας το σχέδιο της ακρόπολης, διαπιστώνουμε πράγματι ότι το τμήμα αυτό δεν μπορει να ειναι αλλο από αυτό μεταξύ των αριθμών 14 και 15. Αλλά ο Τ. γράφει ότι μπόρεσε να παρακολουθήσει τα λείψανά του σε μήκος 13, 50μ., διαπιστώνουμε ότι το τμήμα είναι πιο μικρό. Παρά ταύτα δεν απελπιζόμαστε δεδομένου ότι ο Τ. προσθέτει. «*Δυστυχώς δεν δύναμαι να είπω άλλο τι περί αυτών, διότι οι παρακείμενοι και υπερκείμενοι υστερώτεροι περίβολοι δεν επέτρεψαν ακριβή εξέτασιν· πιθανόν μόνον είναι, ότι εν τω αρχαιοτάτω τούτω περίβολω δεν υπήρχε εν τω μέσω της δυτικής πλευράς πύλη-τουλάχιστον δεν υπήρχε εν τη θέσει κατόπιν εκτίσθη*» (σ. 48). Μπορούμε επομένως να υποθέσουμε ότι το τμήμα του αρχαιότερου περιβόλου περνούσε κάτω από τη δυτική παραστάδα της πύλης και χανόταν κάπου στην αρχή του τοίχου 16 του δευτέρου περιβόλου. Πρόκειται, στην περίπτωση αυτή, για ένα λάθος στο σχέδιο του Διμηνιού από αυτά που ο Τ. δε βρήκε το χρόνο να διορθώσει. «*Αλλά όμως μικρότερα σφάλματα του σχεδίου ηναγκάσθην ένεκα ελλείψεως χρόνου ν' αφήσω όπως είχον*». (σ. 28). |

Ανάλυση 4. Η πρώτη προφανής (β.3. 1) χρησιμεύσει στον Τ.:

α. για να ιδρύσει μια φάση κατασκευής (εποχή ή ηλικία).

β. για να δει τον αριθμό των περιβόλων που υπάρχουν σε αυτή τη φάση

γ. για να δει τη κατεύθυνση του χρόνου.

Έτσι ο Τ. καταφέρνει να μάθει ότι σε μια φάση κατασκευής υπάρχουν οι τρεις πρώτοι περίβολοι. Αλλά είδαμε ότι η στρωματογραφική σχέση που του δίνει όλες αυτές τις πληροφορίες αφορά μόνο τον τρίτο και τον τέταρτο περίβολο και σε καμιά περίπτωση τους δύο άλλους (δεύτερο και τρίτο). Σύμφωνα επομένως με αυτή την προφανή ένα πράγμα είναι βέβαιο: ότι ο τέταρτος είναι νεότερος του τρίτου και μπορούμε να υποθέσουμε ότι μεταξύ τους υπάρχει μια φάση κατασκευής. Ο Τ. μέχρι στιγμής είναι βέβαιος ότι υπήρχε μια φάση κατασκευής η οποία είχε μόνο τους τρεις πρώτους περιβόλους, τους οποίους μετά από μια καταστροφή τους ξανάκτισαν και πρόσθεσαν, για μεγαλύτερη ασφάλεια, ακόμα τρεις, επομένως ακόμα μια φάση κατασκευής περιλαμβάνουσα τους εξ περιβόλους. Όμως η προφανής β.3.2 του δείχνει ότι στην πραγματικότητα υπάρχουν επιδιορθώσεις μόνο στον πρώτο και τον δεύτερο περίβολο και η προφανής β.3. 3 ότι υπάρχουν επίσης επιδιορθώσεις και στον τέταρτο. Δεν παρατήρησε παρόμοιες εργασίες ούτε στον τρίτο ούτε στον πέμπτο, αλλά ούτε και στο έκτο για τον οποίο δεν μιλά καθόλου. Ακόμα και αν θεωρήσουμε ότι οι επιδιορθώσεις αυτές δεν είναι σύγχρονες, (αυτές του τέταρτου, κατά το Τ., είναι μεταγενέστερες), ακόμα και στην περίπτωση αυτή, οι προφανείς β.3.2 και β.3.3., από αρχαιολογικής απόψεως, δείχνουν ότι στη νεότερη φάση (τρίτη) υπήρχαν μόνο ο πρώτος, ο δεύτερος και ο τέταρτος περίβολος.

Η προφανής β. 3. 4; Τον οδηγεί στην εξακρίβωση ακόμα ενός περιβόλου αρχαιότερου όλων των άλλων, άρα σε μια αρχαιότερη φάση κατασκευής.

Με αυτό τον τρόπο, σύμφωνα με τη λογική του Τ. διακρίνονται τρεις φάσεις κατασκευής

α) μια πρώτη στην οποία υπήρχε μόνο ένας περίβολος

β) μια δεύτερη στην οποία υπήρχαν οι τρεις πρώτοι περίβολοι

γ) και μια τρίτη, με τους εξ περιβόλους

Διαπιστώνουμε ότι οι στρωματογραφικές παρατηρήσεις του Τ. του επιτρέπουν την ίδρυση μόνο των τριών φάσεων, δεν του επιτρέπουν όμως να ορίσει τον αριθμό των περιβόλων που υπήρχαν στη κάθε μια. Σύμφωνα με τις παρατηρήσεις αυτές, η πρώτη φάση έχει βέβαια τον μοναδικό της περίβολο, αλλά η δεύτερη δεν μπορεί να έχει παρά μόνο τον τρίτο και η τρίτη φάση οφείλει να συγκρατήσει τον τέταρτο και πιθανότατα τον πρώτο και τον δεύτερο περίβολο. Βέβαια δεν μπορούμε να γνωρίζουμε τι συνέβαινε στη σκέψη του Τ. όμως, σε κάθε περίπτωση, το κείμενό του ιδρύει μόνο τη χρονολογική ακολουθία των περιβόλων και όχι τον αριθμό των περιβόλων που κατέχει η κάθε χρονολογική φάση αυτής της ακολουθίας.

Οι εξωτερικές προφανείς του Τ., οι οποίες του επέτρεψαν να διαρθρώσει τις δομές του μνημείου στο χώρο και τον χρόνο είναι λίγο πολύ αυθαίρετες. Θεωρούμε τη διάρθρωση αυτή εσφαλμένη. Συνακόλουθα, οι δομές του Διμηνιού δεν είναι στρωματογραφημένες και θα επιχειρήσουμε να τους δώσουμε μια νέα οριζόντια στρωματογραφία βασισμένη στις λογικές τους σχέσεις. Μερικές από αυτές τις σχέσεις σημειώνονται στην περιγραφική κατηγορία β.1. 3., θα αποκαλύψουμε και άλλες. Για εμας είναι οι λογικές σχέσεις και όχι οι στρωματογραφικές παρατηρήσεις του Τ. που έχουν ξεκάθαρα τον χαρακτήρα των εξωτερικών προφανών. Από αυτές τις λογικές σχέσεις θα πρέπει να αποκατασταθούν οι διαχρονισμοί μεταξύ των δομών. Ο Τ. χρησιμοποιώντας τις διακριτικές ιδιότητες της χρονολογικής βλέψης ως διακριτικές ιδιότητες της λειτουργικής βλέψης δεν μπόρεσε να δει τους πραγματικούς διαχρονισμούς μεταξύ των δομών.

Τελειώνοντας με το κείμενο του μεγάλου προϊστοριολόγου, είμαστε αναγκασμένοι να πέσουμε εμείς οι ίδιοι σε αντιφάσεις (Ι. 2.), λέγοντας ότι εδώ η τυπική λογική του Τ. είναι ελαττωματική. Δεν αποκαθιστά πουθενά χρονολογικές σχέσεις μεταξύ του πέμπτου και του έκτου περιβόλου και μεταξύ αυτών και όλων των άλλων. Η ανάπτυξη των συλλογισμών του τις έχει ανάγκη, αλλά δεν εμφανίζονται πουθενά στις προκείμενές του.

III. ΛΟΓΙΚΕΣ ΣΤΡΩΜΑΤΟΓΡΑΦΙΚΕΣ ΣΧΕΣΕΙΣ ΤΩΝ ΠΕΡΙΒΟΛΩΝ[6]

Σχέση 1, γενικής τάξης. Η απόσταση ανάμεσα στους περιβόλους ποικίλλει μεταξύ 0 και 15 μ. Θα ήταν επομένως, εκ των προτέρων, εξαιρετικά δύσκολο να θεωρηθεί, ότι η διαμόρφωση αυτή του χώρου ανταποκρινόταν στο χωροταξικό σχεδιασμό ενός αμυντικού συστήματος. Να θεωρηθεί επίσης, ότι το σύστημα αυτό μπορούσε να αποτελεί μια μεταβλητή της αμυντικής αναγκαιότητας. Το σύστημα αυτό, για πρακτικούς λόγους, δε θα είχε μπορέσει ποτέ να λειτουργήσει αποτελεσματικά. Επομένως πιθανός αποκλεισμός της συγχρονικότητας των εξ περιβόλων.

Σχέση 2, μεταξύ του 4ου και 3ου περιβόλου.

Οι δύο περίβολοι δεν είναι σύγχρονοι γιατί:

2.1. Εφάπτονται προς τη βορειοδυτική γωνία της ακρόπολης, εικ. 2 τετρ. Γ, 6.
Επομένως, βέβαιος αποκλεισμός Π. 3 </ Π. 4

2.2. Ενώνονται προς τα ανατολικά της ακρόπολης, εικ. 2 τετρ. Θ, 2.
Επομένως, βέβαιος αποκλεισμός Π. 3 </ Π. 4

2.3. Στο σημείο 25 της εισόδου, τετρ. Δ, 6, του τρίτου περιβόλου, ο περίβολος αυτός ενώνεται με την προέκταση της παραστάδας του με τον τέταρτο περίβολο.
Επομένως, βέβαιος αποκλεισμός Π. 3 </ Π. 4

Γιατί αν οι περίβολοι ήταν σύγχρονοι στην τρίτη εποχή του Τ. η είσοδος (25) του τρίτου περιβόλου δε θα είχε κανένα λόγω να υπάρχει. Η είσοδος αυτή δε βγάζει πουθενά, παρά σε ένα τριγωνικό χώρο μήκους 2 μ. και πλάτους 0 ως 2 μ. περίπου, στον οποίο δεν μπορούμε να αποδώσουμε καμιά χρησιμότητα. Βέβαια, σύμφωνα με τη θεωρία των οικοτεχνικών δραστηριοτήτων του Χ., είναι δυνατόν να φανταστούμε διάφορες οικοτεχνικές δραστηριότητες σε αυτό το μικρό χώρο, αλλά, στην περίπτωση αυτή, πώς θα δικαιολογούσαμε την οροθέτησή του από δύο

---

6.   Σύμβολα: </ = βέβαιος αποκλεισμός. </; = πιθανός αποκλεισμός. Α<Β = Α προγενέστερο του Β. Β>Α = Β μεταγενέστερο του Α. Π. = Περίβολος. Οικ. = Οικία.. Β # Α = Β προγενέστερο ή μεταγενέστερο του Α.

ογκώδης περιβόλους; Κατά τον Χ. οι δύο περίβολοι κτίστηκαν μαζί (ζευγαρωτό σύστημα).

Ο Χ. εξετάζοντας τους δύο περιβόλους απορρίπτει την ερμηνεία του Τ. *αμυντικό σύστημα.* Δε βλέπει σε αυτούς την αμυντική λειτουργία, γιατί, πράγμα λογικό, (Χ. 1979:70-83, εικ. 3 και 4) εικ. 6 η διάταξή τους θα διευκόλυνε μάλλον την άλωση της ακρόπολης από τους επιδρομείς. Όμως υποστηρίζοντας τα παραπάνω, ομολογεί έμμεσα τη διαχρονικότητα των δύο περιβόλων και συγχρόνως καταστρέφει την ιδέα του ζευγαρωτού συστήματος, γιατί ο ίδιος συλλογισμός, που αναιρεί την ερμηνεία του Τ., αναιρεί επίσης και τη δική του ερμηνεία *χώροι οικοτεχνικών δραστηριοτήτων:* τι είδους δραστηριότητες θα μπορούσαν να λαμβάνουν χώρα σε αυτό το χώρο, στο εσωτερικό ενός τοίχου και στο εξωτερικό ενός άλλου; Και αν χρησίμευε για κάποια οικοτεχνική δραστηριότητα, γιατί να του δώσουν αυτό το σχήμα; Και γιατί να τον οροθετήσουν με ένα τοίχο (4ος περίβολος) πλάτους περίπου 3 μ. σε αυτό το σημείο;

Πιστεύουμε, ότι έχουμε αποδείξει τη διαχρονικότητα των δύο περιβόλων, αλλά δε γνωρίζουμε ακόμα ούτε τη χρονολογική τους απόσταση, ούτε την κατεύθυνση του χρόνου. Την κατεύθυνση του χρόνου θα μας τη δώσει ο Τ. με τον οχετό κάτω από τον τρίτο περίβολο και το στρώμα της σχιστολιθικής επίχωσης μεταξύ του 3ου και του 4ου περιβόλου προφανή β.3.1, την οποία θεωρούμε ως μια κατάλληλη ιδιότητα, αφού οι νεότερες ανασκαφές στη θέση δε μας έπεισαν για το αντίθετο.

Επομένως **Π. 3 < Π. 4**

Γνωρίζουμε τώρα ότι ο Π. 4 είναι νεότερος του Π. 3, αλλά αγνοούμε την απόστασή τους (πόσες φάσεις κατασκευών τους χωρίζουν), η προφανής β.3. 1 ιδρύει μια φάση, ίσως όμως να υπήρχαν και άλλες.

Σχέση 3, μεταξύ του 3ου περιβόλου και της οικίας 2 (Οικ. 2). Εικ. 2 τετρ. Ε 6 και Ζ 6, 26, 27, 28.

Ο περίβολος και η οικία δεν είναι σύγχρονοι γιατί:

3.1. Ο δυτικός τοίχος της οικίας εφάπτεται σχεδόν του περιβόλου: Επομένως πιθανός αποκλεισμός **Οικ. 2 </; Π. 3**

Στην περίπτωση αυτή η έννοια της στρωματογραφίας στηρίζεται σε μια λίγο πολύ αυθαίρετη λογική. Είναι αλήθεια, ότι αποφεύγουμε να κτίσουμε μια δομή κολλητά σε μια άλλη, εκτός εάν συνδέονται οργανικά μεταξύ τους, γιατί η μια ενοχλεί την άλλη στη διάρκεια της κατασκευής και ο χώρος μεταξύ των δύο δομών δε χρησιμεύει σε τίποτα. Όμως υπάρχουν περιπτώσεις όπου δύο σύγχρονες κατασκευές βρίσκονται η μια πολύ κοντά στην άλλη.

Είναι αλήθεια ότι ο Τ. παρατήρησε στο χώρο που σχηματίζεται μεταξύ της Οικ. 2 και του Π. 3 τα ίχνη ενός λιθόστρωτου το οποίο, κατ' αυτόν, προστάτευε τα θεμέλια του τοίχου της οικίας από τα όμβρια νερά που έπεφταν από τη στέγη της (Δ. Σ. 62). Αλλά το λιθόστρωτο αυτό θα μπορούσε να ανήκει σε κάποια άλλη κατασκευή ή να υπάρχει πριν το κτίσιμο της οικίας.

3.2. Ο τοίχος της οικίας επικάθεται του ανατολικό-δυτικού τοίχου που ανήκει στον περίβολο. Θεωρούμε σύγχρονους τον περίβολο και τον ανατολικό-δυτικό τοίχο (εξάλλου οι ανασκαφές του Χ. το απέδειξαν), ο οποίος μαζί με τον άλλο ανατολικό-δυτικό τοίχο που βρίσκεται πιο βόρεια και τον βορειοδυτικό τοίχο στα ανατολικά του περιβόλου σχηματίζουν ένα δωμάτιο (τετρ. Ε 6). Επομένως ο περίβολος 3 και η οικία 2 δεν είναι σύγχρονοι

βέβαιος αποκλεισμός **Οικ. 2 </ Π. 3**

Η κατεύθυνση του χρόνου προφανώς είναι: **Π. 3 < Οικ. 2**

Ο Τ. θα μας βοηθήσει στη συνέχεια: ανακάλυψε κάτω από το πάτωμα της οικίας (Οικ. 2) το πάτωμα μιας άλλης οικίας (Δ. Σ. 62)

Επομένως υπάρχουν δύο φάσεις κατασκευής της Οικ. 2.

Έτσι έχουμε:

Π. 3 < Π. 4 και Π. 3 < Οικ. 2 φάση 1 < Οικ. 2 φάση 2

μπορούμε λογικά να υποθέσουμε ότι:

α) **Π. 4 = Οικ. 2 φάση 1   *βέβαιη σχέση***

β) **Π. 4 = Οικ. 2 φάση 2   *πιθανή σχέση***

γ) **Π. 4 φάση 1 = Οικ. 2   *φάση 1   βέβαιη σχέση***

δ) **Π. 4 φάση 1 = Οικ. 2   *φάση 2   πιθανή σχέση***

ε) **Π. 4 φάση 2; = Οικ. 2   *φάση 2   πιθανή σχέση***

Δεν μπορούμε να συνεχίσουμε παραπέρα, επιτύχαμε μια σταθερή σχέση χρησιμοποιώντας δύο μεταβλητές ενός δεδομένου (φάση 1 και φάση 2 του Π. 4), είτε διαλέξουμε τη μια είτε την άλλη η σχέση παραμένει η ίδια.

Θα προσπαθήσουμε τώρα να αναπαραστήσουμε σχηματικά όλες τις στρωματογραφικές σχέσεις που έχουμε μέχρι του παρόντος αποκαλύψει.

Σχήμα 3. στρωματογραφία 1

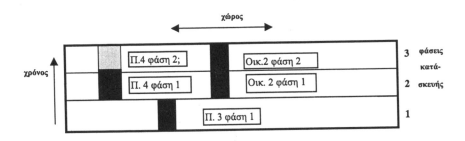

Σχέση 4, μεταξύ της οικίας Οικ. 2 και του δευτέρου περιβόλου Π. 2

Ο Π. 2 και η Οικ. 2 δεν είναι βεβαίως σύγχρονοι γιατί:

Ο ανατολικός τοίχος της Οικ. 2 επικάθεται στον Π. 2 πάνω στο δυτικό μισό του, τετρ. Ε 6. Σύμφωνα με τον Τ. είναι ο τοίχος της πρώτης φάσης του Π. 2 (η δεύτερη εποχή του, Δ.Σ. 45)

΄Αρα βέβαιος αποκλεισμός **Οικ. 2. </ Π. 2 επομένως Π. 2 < Οικ. 2**

Δεδομένου ότι στην Οικ. 2 υπάρχουν από δύο φάσεις κατασκευής και επίσης δύο φάσεις στον Π. 2 (Δ.Σ. 44), έχουμε τότε **Π. 2 < Οικ. 2, άρα Π. 2 φάση 1 < Π. 2 φάση 2 < Οικ. 2 φάση 1 < Οικ. 2 φάση 2.**

Αλλά αφού έχουμε:

Π. 3 < Π. 4   α < β

και

Π. 4 = Οικ. 2   β = γ

και

Οικ. 2 > Π. 2   γ > δ

άρα

Π. 3 = Π. 2   δ = α

Καμιά θεωρητική ή εμπειρική παρατήρηση δε μας επιτρέπει να γνωρίζουμε αν ο Π. 3 είχε μία ή περισσότερες φάσεις κατασκευής. Μπορούμε μόνο να υποθέσουμε, ότι αφού είναι σύγχρονος του Π. 2 φάση 2. υπήρχε και στο Π. 2 φάση 1, χωρίς αυτό να αλλάζει οτιδήποτε στην παρουσίασή μας. Το Διμήνι κατείχε με βεβαιότητα τον Π. 3 φάση 1.

Σχέση 2	Π. 3 < Π. 4	1 Π. 3 φάση 1 <	2 Π. 3 φάση 2 <	3 Π. 4 φάση 1 <	4 φάσεις Π. 4 φάση 2
Σχέση 3	Π. 3 < Οικ. 2	Π. 3 φάση 1 <	Π. 3 φάση 2 <	Οικ. 2 φάση 1 <	Οικ. 2 φάση 2
Σχέση 4	Π. 2 < Οικ. 2	Π. 2 φάση 1 <	Π. 2 φάση 2 <	Οικ. 2 φάση 1 <	Οικ. 2 φάση 2

Σχήμα 4. Στρωματογραφία 2. Οι στήλες 1,2,3,4, αντιπροσωπεύουν χρονολογικές φάσεις κατασκευής και η κάθε μια περιέχει τους περιβόλους που υπήρχαν σε αυτήν, όπως φαίνεται στην παρακάτω σχηματική στρωματογραφική αναπαράσταση

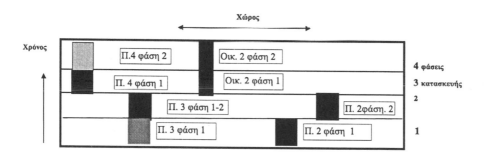

Σχέση 5, μεταξύ το πρώτου και του δευτέρου περιβόλου.

Οι δύο αυτοί περίβολοι δεν είναι σύγχρονοι για τους ίδιους λόγους που δεν είναι σύγχρονοι ο Π. 3 με τον Π. 4. Γνωρίζουμε ήδη, ότι ο Π. 1, όπως ο Π. 4, έχει δύο φάσεις κατασκευής (προφανής β.3. 2.).

5. 1. Ο Π. 2 φάση 2 εφάπτεται με τον Π. 1 φάση 1 (τετρ. Ζ 6)
΄Αρα βέβαιος αποκλεισμός **Π. 2 φάση 2 </ Π. 1 φάση 1**

5.2. Ο Π. 2 φάση 1 ή 2 εφάπτεται με τον Π. 1 φάση 1 ή 2 (τετρ. Θ 4)'
΄Αρα βέβαιος αποκλεισμός **Π. 2 φάση 1 ή 2 </ Π. 1 φάση 1 ή 2.**

Δεδομένου ότι ο Π. 2 φάση 1 αποκλείεται μαζί με τον Π. 2 φάση 2, τότε η χρονολογική σειρά έχει ως ακολούθως.

Π. 2 φάση 1 < Π. 2 φάση 2 < Π. 1 φάση 1 < Π. 1 φάση 2.

Τούτο σημαίνει βέβαια ότι **Π. 2 < Π. 1**, αλλά η σχέση αυτή είναι απολύτως αυθαίρετη, στην πραγματικότητα έχουμε **Π. 2. # Π. 1.** (προγενέστερος ή μεταγενέστερος).

48

Δείξαμε ότι οι δύο περίβολοι δεν είναι σύγχρονοι, αλλά δεν μπορούμε να δούμε την κατεύθυνση του χρόνου: ποιος από τους δύο είναι προγενέστερος. Εν τούτοις η αδυναμία αυτή δε βλάπτει καθόλου τον κύριο αντικειμενικό σκοπό της αναδιάταξής μας, που προσπαθεί να αποδείξει ότι οι εξ περίβολοι δεν λειτούργησαν ποτέ όλοι μαζί συγχρόνως. Αν ο Π. 1 ήταν προγενέστερος του Π. 2 (Π. 1 < Π. 2), στην περίπτωση αυτή πέφτει κάτω από τον Π. 2 φάση 1, όπου θα υπάρχει μόνος.

	1	2	3	4 φάσεις
Σχέση 2	Π. 3 και Π. 4	Π. 3 φάση 1;	Π. 3 φάση 2	Π. 4 φάση 1	Π. 4 φάση 2;
Σχέση 3	Π. 3 και Οικ. 2	Π. 3 φάση 1;	Π. 3 φάση 2	Οικ. 2 φάση 1	Οικ. 2 φάση 2
Σχέση 4	Π. 2 και Οικ. 2	Π. 2 φάση 1	Π. 2 φάση 2	Οικ. 2 φάση 1	Οικ. 2 φάση 2
Σχέση 5	Π. 2 και Π. 1	Π. 2 φάση 1	Π. 2 φάση 2	Π. 1 φάση 1	Π. 1 φάση 2

Σχήμα 5. Στρωματογραφία 3. Το σχήμα 5 είναι η επανάληψη του σχήματος 4, εμπλουτισμένο με τη σχέση 5.

Η στρωματογραφική σχηματική αναπαράσταση που δείχνει όλες τις φάσεις κατασκευής είναι η ακόλουθη:

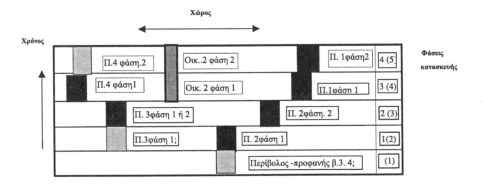

Σχόλιο

Στρωματογραφία 1. Ο Π. 3 είναι αρχαιότερος από τον Π. 4. Ο Π. 3 είναι αρχαιότερος από την Οικ. 2. Συνεπώς, η Οικ. 2 και ο Π. 4 μπορούν να είναι σύγχρονοι. Αλλά δεδομένου ότι η Οικ. 2 έχει δύο φάσεις κατασκευής, ανεβαίνουμε έτσι τρεις φάσεις στην κλίμακα του χρόνου: μια για τον Π. 3 και δύο για την Οικ. 2. Το πρόβλημα είναι ότι στον Π. 4 δε διαπιστώθηκε παρά μια φάση κατασκευής (Π. 4 φάση 1), η οποία αντιστοιχεί στην Οικ. 2 φάση 1. Επομένως η δεύτερη φάση κατασκευής του Π. 4 (αν ποτέ υπήρξε) δεν αποδεικνύεται παρά με αφαίρεση. Η φάση αυτή θα αντιστοιχούσε στην Οικ. 2 φάση 2. Τέλος, τίποτα δεν μας εμποδίζει να πιστεύουμε ότι ο Π. 4 είχε μόνο μία φάση κατασκευής και ότι στη διάρκεια της ζωής της Οικ. 2 φάση 2, είτε παρέμεινε ως είχε, είτε ισοπεδώθηκε και κατασκευάστηκε ο πέμπτος περίβολος, ο οποίος δεν μπήκε στην ανάλυση γιατί δεν υπάρχουν ίχνη του δυτικά της ακρόπολης. Για τον Π. 4 ο Τ. δεν χρησιμοποιεί τη λέξη «ανακαίνισις» (Δ. Σ. 46), που μπορεί να σημαίνει φάση κατασκευής, αλλά τη λέξη «επισκευαί», γεγονός που μας αφήνει να υποψιαζόμαστε ότι ο περίβολος είχε μία φάση κατασκευής. Ο Τ. πιστεύει ότι οι επισκευές αυτές είναι πολύ μεταγενέστερες από τις ανακατασκευές του Π. 2 και του Π. 1 (προφανής β.3. 3). Μπορούμε επομένως να υποστηρίξουμε, ότι ο Τ. είχε εν μέρει δίκιο στις παρατηρήσεις του σχετικά με τις ανακαινίσεις του Π. 4 σε σχέση με εκείνες των Π. 2 και Π. 1. Αν κοιτάζουμε το σχήμα της στρωματογραφίας 3, βλέπουμε ότι πράγματι ο Π. 4 είναι νεότερος του Π. 2. Επομένως ο Τ. είχε δει σωστά χωρίς να μπορούμε να μάθουμε πώς.

Διαπιστώσαμε λοιπόν θεωρητικά, ότι οι επισκευές του Π. 4 ήταν αρκετά νεότερες από τις ανακαινίσεις του Π. 2. Αλλά βλέπουμε στη στρωματογραφία ότι ο Π. 1 είναι σύγχρονος του Π. 4, γεγονός που δεν συμφωνεί με τα λεγόμενα του Τ., ο οποίος θεωρούσε σύγχρονους τους Π. 1 και Π. 2.

Στρωματογραφία 2. Οι δύο φάσεις κατασκευής του Π. 2 είναι προγενέστερες της Οικ. 2 φάση 1, συνεπώς, ο Π. 2 φάση 2 όφειλε να αντιστοιχεί στον Π. 3 φάση 1. Με αυτό τον τρόπο κατεβαίνουμε μια φάση στο χρόνο και ανεβαίνουμε τέσσερις φάσεις στη στρωματογραφία 2, δηλαδή η φάση 1 της στρωματογραφίας 1 γίνεται φάση 2 στη στρωματογραφία 2. Δεν μπορούμε να αποκαταστήσουμε παρά μόνο με αφαίρεση τη χρονολογική αντιστοιχία του Π. 2 φάση 1 και του Π. 3. Στην περίπτωση αυτή, θα πρέπει να υποθέσουμε ότι, είτε ο Π. 3 είχε δύο φάσεις κατασκευής, είτε ότι ήταν εκεί από την αρχή και συνέχισε να υπάρχει έχοντας μόνο μια φάση. Δηλαδή παρέμεινε ανέγγιχτος στη διάρκεια της ζωής του Π. 2 φάση 2. Τούτο είναι δυνατό στο μέτρο που ο Τ. δεν αναφέρει για το Π. 3 επιδιορθώσεις (ανακαινίσεις ή επισκευές).

Στρωματογραφία 3. Ο Π. 2 φάση 2 είναι προγενέστερος του Π. 1 φάση 1, συνακόλουθα ο Π. 1 φάση 1 αντιστοιχεί αναγκαστικά στην Οικ. 2 φάση 1 και στον Π. 4 φάση 1. Η Οικ. 2 φάση 1 και ο Π. 4 φάση 1 είναι μεταγενέστεροι του Π 3 φάση 1 και 2, ο οποίος αντιστοιχεί στον Π. 2 φάση 1 και 2. Επομένως ο Π. 1 φάση 2 οφείλει να είναι σύγχρονος της Οικ. 2 φάση 2 και του Π. 4 φάση 2, αν είχε βέβαια αυτός εδώ μια δεύτερη φάση, ή να είναι σύγχρονος μιας πρώτης φάσης του πέμπτου περιβόλου. Με αυτό τον τρόπο αποκαθιστούμε τέσσερις συνολικά φάσεις κατασκευής στους περιβόλους του Διμηνιού. Αλλά η προφανής β.3. 4 μας αναγκάζει να δούμε μια ακόμα φάση αρχαιότερη όλων των άλλων.

Στις εικ. 7, 8, 9 και 10 προσπαθήσαμε να αναπαραστήσουμε τις χρονολογικές φάσεις των περιβόλων σύμφωνα με τη στρωματογραφία 3.

*

Αν θα πρέπει να συγκρατήσουμε κάτι από αυτή την αναδιάταξη, τούτο δε θα είναι σε καμιά περίπτωση, η ιστορική της πραγματικότητα, αλλά, ίσως η λογική της αποτελεσματικότητα.

Εφαρμόζοντας μια μέθοδο καθόλα κοινή, θελήσαμε να πούμε ότι οι περίβολοι του Διμηνιού μπορούν να τακτοποιηθούν στο χρόνο και στο χώρο με ένα διαφορετικό τρόπο από αυτόν που μας πρότεινε ο Τ. Και προτείναμε την παραπάνω αναδιάταξη, που φαίνεται λογική γιατί κοιτάζοντας το σχέδιο της στρωματογραφίας 3, παρατηρούμε ότι στην πρώτη φάση και ίσως στη δεύτερη, υπήρχε μόνο ένας περίβολος, αντίθετα στην τρίτη φάση υπάρχουν δύο. Και αν θεωρήσουμε ότι ο περίβολος 3 είχε μια φάση ζωής κατά τη διάρκεια εκείνης του περιβόλου 2 στην πρώτη του φάση, διαπιστώνουμε ότι στην τρίτη φάση κατασκευής ο χώρος μεταξύ των δύο περιβόλων αυξήθηκε σε σχέση με το χώρο της δεύτερης φάσης και ούτω καθεξής. Η αύξηση του χώρου μεταξύ δύο περιβόλων μπορεί να είναι μια φυσιολογική εξέλιξη σε μια οχυρωμένη κατοίκηση.

Μέχρι την τρίτη φάση τα οικήματα είναι αρκετά μικρά και ο νωτιαίος τους τοίχος αποτελείται από τους περιβόλους, είναι κατά κάποιο τρόπο

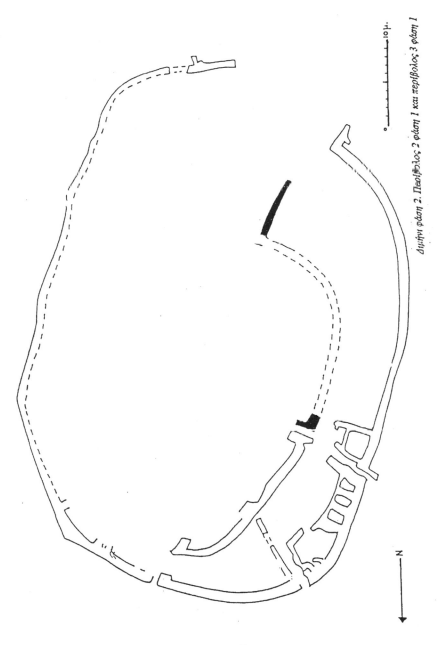

Διμήνι φάση 2. Περίβολος 2 φάση 1 και περίβολος 3 φάση 1

εικ. 7

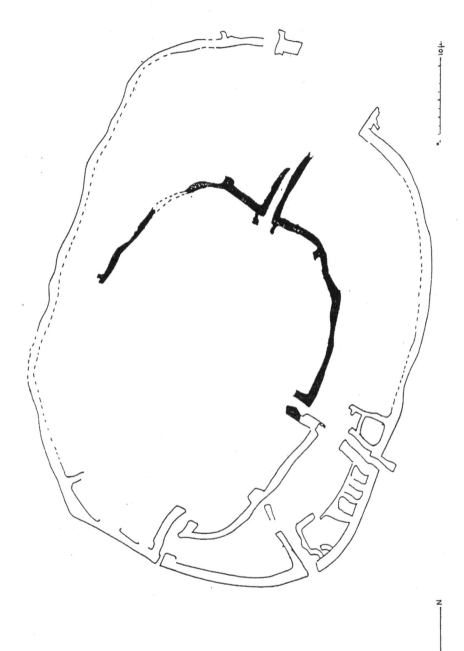

Διμήνι φάση 3. Περίβολος 2 και περίβολος 3 φάση 2

εικ. 8

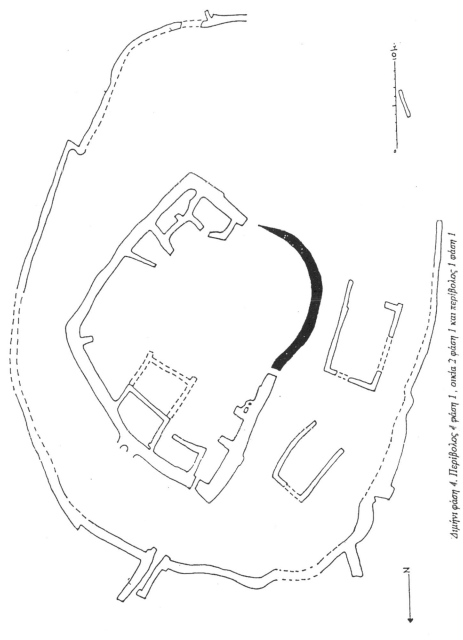

Διμήνι φάση 4. Περίβολος 4 φάση 1 , οικία 2 φάση 1 φάση 1 και περίβολος 1 φάση 1

εικ. 9

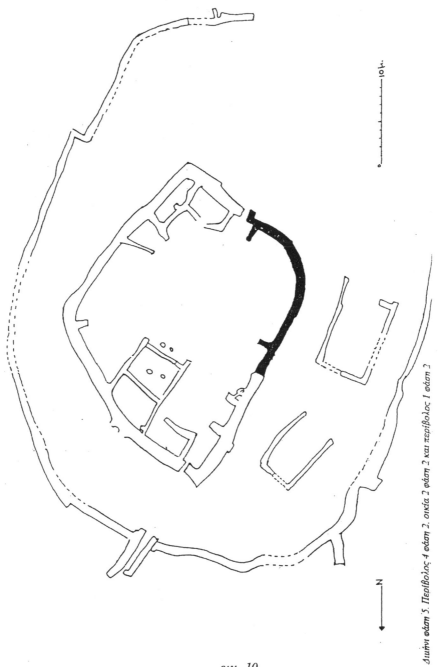

Διμήν φάση 5. Περίβολος 4 φάση 3. οικία 2 φάση 2 και περίβολος 1 φάση 3

εικ. 10

κολλημένα σε αυτούς. Από την τέταρτη φάση ο χώρος μεταξύ των περιβόλων φαρδαίνει αρκετά, επιτρέποντας έτσι την οικοδόμηση μεγαλύτερων οικιών μεγαροειδούς τύπου. Τα οικήματα αυτά κτίζονται παράλληλα με τους περιβόλους και μπορούμε να διακρίνουμε τέσσερα: την οικία 2 την οποία γνωρίζουμε ήδη, μια άλλη που βρίσκεται στα βόρειά της (24, τετρ. Δ 5), το μέγαρο Α και την οικία Ν που αποκάλυψε ο Χουρμουζιάδης και η οποία βρίσκεται στα βορειοδυτικά του μεγάρου Α μεταξύ του δευτέρου και του τρίτου περιβόλου. (εικ. 11).

Η διάταξη των δύο περιβόλων, απομακρυσμένοι ο ένας από τον άλλο κατά τρόπο που μεταξύ τους υπάρχει αρκετός χώρος για την ανάπτυξη οικιών και άλλων δομών, τείνει να γίνει τυπική σε όλη τη νεολιθική οικουμένη προς το τέλος της.

Ο Χουρμουζιάδης στη σελίδα 63 του βιβλίου του (1979) μας εξηγεί, χωρίς αποδεικτικά στοιχεία, ότι ο τρίτος και ο τέταρτος περίβολος κτίστηκαν μαζί και πιο μακριά στη σελίδα 79 υποστηρίζει ότι η διάταξη αυτή των δύο περιβόλων στο χώρο παρουσιάζει ένα σύστημα: «ζευγαρωτό», δηλαδή κτίστηκαν συγχρόνως ο πρώτος και ο δεύτερος, αργότερα ο τρίτος και ο τέταρτος, και πολύ αργότερα ο πέμπτος και ο έκτος. Και ο συγγραφέας του νεολιθικού Διμηνιού συνεχίζει λέγοντας, ότι *«ανάμεσα στο δεύτερο και τον τρίτο περίβολο, όπως στον τέταρτο και τον πέμπτο, δημιουργούνται μεγάλα ωφέλιμα διαστήματα, χρήσιμα για την ανάπτυξη και τη σωστή προώθηση της ενδοκοινοτικής χωροοργάνωσης...χωρίς βέβαια να αποκλείσουμε και την ανάπτυξη μέσα σε αυτούς τους χώρους, μιας περιορισμένης καλλιεργητικής δραστηριότητας και ίσως ενός μέρους των κτηνοτροφικών απασχολήσεων»* (σ. 79). Χώρους μεγάλους και χρήσιμους, αυτό πιστεύουμε και εμείς, αλλά μεταξύ του πρώτου και του τέταρτου περιβόλου, χωρίς την ύπαρξη του δευτέρου και του τρίτου, ή μεταξύ αυτών των τελευταίων αλλά χωρίς την ύπαρξη των μεγαροειδών οικιών, διαφορετικά η ιδέα ότι στους χώρους αυτούς διαδραματίζονταν κάποιες δραστηριότητες δε θα εύρισκε χώρο για να επιβιώσει.

Στο παραπάνω κεφάλαιο επιχειρήσαμε να μετατρέψουμε το Διμήνι σε ένα πραγματικό αντικείμενο, για να έχουμε έτσι και μόνο έτσι το δικαίωμα να θεωρητικολογήσουμε γύρω από τη λειτουργία που θα μπορούσε να έχει μέσα στο νεολιθικό πολιτισμό.

Μετά την επικύρωση της υπόθεσης του Τ. και την επικύρωση της δικής μας αναδιάταξης των περιβόλων θα ασχοληθούμε με την αποκάλυψη της λειτουργικής λογικής του μνημείου.

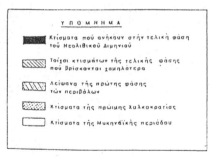

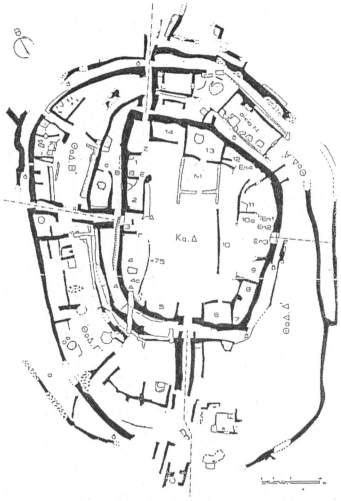

εικ. 11. Το Διμήνι κατά τον Χ. Χουρμουζιάδη 1979

IV. ΕΠΙΚΥΡΩΣΕΙΣ

IV.1. Η επικύρωση του Τ.

Αναφέραμε ήδη στο κεφάλαιο ΙΙ, ότι η παραγωγική φάση του Τ. σχετικά με την επικύρωση της υπόθεσής του *αμυντικό σύστημα* βρίσκεται στο ένατο κεφάλαιο του βιβλίου του (Δ. Σ. 386-389). Στην πραγματικότητα, ο Τ. είχε ήδη επικυρώσει την υπόθεσή του, μέσω της υποθετικό-παραγωγικής διαδικασίας, στην τεχνομορφολογική του περιγραφή (ΙΙ. β. 1.) και στη στρωματογραφική του περιγραφή (ΙΙ. β. 2.), όπου ξεκινώντας από την προϋπάρχουσα ήδη υπόθεση, αποδεικνύει ότι οι περίβολοι λειτουργούσαν ως αμυντικά τείχη και ότι ήταν όλοι σύγχρονοι στη τελευταία φάση του οικισμού.

Ο Τ. θα κάνει εδώ ό,τι κάνει όλος ο κόσμος, θα επικυρώσει τη λειτουργία του μνημείου του αναφερόμενος σε μια σειρά παρόμοιων μνημείων, που υποτίθεται ότι έχουν την ίδια λειτουργία. Όμως στην εποχή του δεν υπήρχαν παραδείγματα νεολιθικών οχυρώσεων, θα χρησιμοποιήσει λοιπόν αυτά που βρίσκονται πιο κοντά στους χρόνους της νεολιθικής. Η επικύρωσή του είναι αναμφίβολα ευφυέστατη, αλλά βασίστηκε πάνω σε προβληματικά μνημεία. Για να αποφύγει τη δυσκολία του χρόνου, γιατί τα συγκρινόμενα μνημεία ανήκουν στην εποχή του χαλκού, θα δώσει στην επαλήθευσή του ένα εξελικτικό χαρακτήρα. Βλέπει μια αδιάκοπη εξέλιξη ενός οχυρωματικού συστήματος, του οποίου το αρχικό σημείο βρίσκεται στο Διμήνι με τους πολλαπλούς περιβόλους και το τελικό σημείο στο μοναδικό τείχος που υπεράσπιζε τις μυκηναϊκές ακροπόλεις. Χαράσσει μια γραμμή από το πολύπλοκο γεγονός προς το πιο απλό περνώντας από μερικά ενδιάμεσα σημεία. Τα σημεία αυτά είναι οι οχυρώσεις της Χαλανδριανής στη Σύρο, του γνωστού μας Αγίου Ανδρέα στη Σίφνο και της Φυλακωπής στη Μήλο. Η Χαλανδριανή έχει για τον Τ. τρεις περιβόλους (Τσούντας 1899), ο Άγιος Ανδρέας και η Φυλακωπή από δύο (Smith: 1896-97, Hogarth: 1897-98). «*Η Χαλανδριανή έχει ολιγότερους περιβόλους του Διμηνίου, η Σίφνος και η Μήλος ολιγότερους πάλιν της Χαλανδριανής*» (Δ. Σ. 388).

Θεωρούσε ότι στην αρχή (Διμήνι) οι οχυρώσεις αποτελούνταν από πολλούς μικρούς και απλούς περιβόλους. Αργότερα προστέθηκαν πύργοι στο εσωτερικό περίβολο (Χαλανδριανή, Άγιος Ανδρέας). Στη συνέχεια αυξήθηκε το πάχος και το ύψος του περιβόλου που έφερε τους πύργους, έτσι ώστε να μην υπάρχει πια ανάγκη για πολλούς περιβόλους και φθάνουμε έτσι στη Φυλακωπή. Τέλος έγινε κατανοητό ότι ένα μόνο αλλά μεγάλο τείχος αρκούσε για να υπερασπίσει τις ακροπόλεις (μυκηναϊκές ακροπόλεις).

Ιδού πως ο Τ. επαλήθευσε την ερμηνευτική του υπόθεση για το σύμπλεγμα των περιβόλων του Διμηνιού. Αν και η επαλήθευση αυτή φαίνεται γοητευτική, όμως είναι λανθασμένη, γιατί απλούστατα η εξέλιξη της οχυρωματικής τέχνης δεν ακολούθησε τη διαδρομή που φαντάστηκε ο Τ. και επί πλέον οι αναλογίες του βασίζονται πάνω σε μνημεία εξίσου προβληματικά με το Διμήνι. Οι κάτοικοι των τριών θέσεων στις οποίες αναφέρεται ο Τ. αμύνονταν πιθανότατα πίσω πάντα από ένα τείχος.

Η μορφολογική εξέταση των δύο τειχών της Χαλανδριανής δείχνει ότι δεν μπορούν να είναι σύγχρονα. Τα πιο χαρακτηριστικά σημεία της χρονολογικής τους διαφοράς είναι η πύλη του εσωτερικού τείχους και οι πύργοι του εξωτερικού.

Η διάταξη της πύλης προδίδει τους χρόνους της κατασκευής του τείχους. Οι είσοδοι στην ανατολική στρατιωτική αρχιτεκτονική γνώρισαν διάφορες διατάξεις, μια από αυτές είναι και «στρεψψόμορφη», χαρακτηριστική της ύστερης περιόδου της εποχής του χαλκού στον ελλαδικό χώρο (εικ. 4 και 12). Αντίθετα, οι πύργοι διαπιστώνονται μόνο στην πρώιμη περίοδο της εποχής του Χαλκού στη Λέρνα III (Caskey 1960), Στον Πάρνομο στη Νάξο (Ντούμας 1964) και έξω από τον κόσμο του Αιγαίου στην Los Millares ή στο Arad[7].

Για τη Φυλακωπή ο Smith (1896-97) πίστευε ότι τα δύο της τείχη ήταν σύγχρονα, ενώ ο Hogarth (1897-98), βασιζόμενος στις διαφορετικές τεχνικές κατασκευής τους, θεωρούσε ότι είχαν κτιστεί σε διαφορετικές περιόδους. Τα δύο τείχη της Φυλακωπής (Φυλακωπή II και III μέση και ύστερη περίοδος του χαλκού) απέχουν μεταξύ τους 3 έως 4 μέτρα και ενώνονται με εγκάρσιους τοίχους. Έχουμε, κατά πάσα πιθανότητα, εδώ μια κατασκευαστική τεχνική αρκετά διαδεδομένη στη $2^η$ χιλιετία στη Ανατολή, κυρίως στη χεττιτική στρατιωτική αρχιτεκτονική. Δηλαδή δύο τείχη με εγκάρσια διατειχίσματα εντός των οποίων πετούσαν πέτρες και μπάζα σχηματίζοντας έτσι ένα πολύ παχύ τείχος, 6 μέτρα στην περίπτωση της Φυλακωπής (εικ. 4 και 5). Στη Φυλακωπή ακολουθήθηκε πιθανότατα ή ίδια διαδικασία οχύρωσης με εκείνη του Αγίου Ανδρέα. Οπωσδήποτε όμως δεν πρέπει να αγνοήσουμε το γεγονός ότι υπήρχαν

---

7.   Amirant 1978. Courtin, 1984. Kohl 1984, για την κεντρική Ασία.

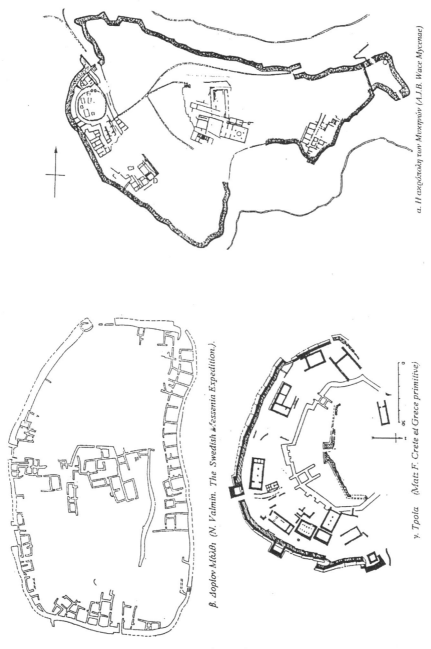

α. Η ακρόπολη των Μυκηνών (A.J.B. Wace Mycenae)

β. Δωρίον Μάλθι (N. Valmin. The Swedish Messenia Expedition.).

γ. Τροία (Matz F. Crete et Grece primitive)

εικ. 12

πάντα θέσεις προστατευόμενες με διπλά τείχη: στο Bogaz Koy (Hattoussa), στο Choumet-ez- Rebid (Abydos, III Δυναστεία) και στην ιστορική εποχή.

Όσον αφορά στο τελικό σημείο του Τ., δηλαδή το επιβλητικό και ισχυρό τείχος που υπεράσπιζε τις μυκηναϊκές ακροπόλεις, μια τεχνική κατασκευής πολύ διαδεδομένη στο τέλος της δεύτερης χιλιετίας, μπορούμε να πούμε ότι η τεχνική αυτή δε μεταφράζει την εσωτερική εξέλιξη της οχυρωματικής τέχνης των πολλαπλών περιβόλων προς ένα μοναδικό ισχυρό τείχος, αλλά μάλλον φανερώνει τις ανάγκες της εκάστοτε πολεμικής τέχνης. Η ανακάλυψη, για παράδειγμα, του κριού, που διαπιστώνεται για πρώτη φορά στον 9ο αιώνα π.Χ., είχε ως συνέπεια την εγκατάλειψη των διαφόρων συστημάτων οχύρωσης προς όφελος ενός μεγάλου συμπαγούς τείχους ικανού να αντισταθεί στα κτυπήματά του.

IV.2. Επικύρωση της αναδιάταξης των περιβόλων

Γνωρίζουμε ότι στις οχυρωμένες θέσεις της νεότερης νεολιθικής, οι εργασίες οχύρωσης δεν περιορίζονται σε μια απλή τάφρο ή σε ένα μόνο περίβολο αλλά σε διάφορους συνδυασμούς. Άλλοτε βρίσκουμε περιβόλους μαζί με τάφρους, άλλοτε υπάρχουν μόνο δύο ή τρεις τάφροι, άλλοτε πάλι μόνο δύο ή τρεις περίβολοι κλπ. (βλέπε δεύτερο μέρος, κεφάλαιο V.1). Οι δύο πρώτες περιπτώσεις συναντούνται στην κεντρική και δυτική Ευρώπη, στη βαλκανική χερσόνησο και στην Ιταλία. Εξαιρουμένης της Ιταλίας οι τάφροι και οι περίβολοι βρίσκονται συχνά ο ένας πολύ κοντά στον άλλο χωρίς να αφήνουν έτσι χώρο για κατοίκηση (Wittle 1977).

Η Τρίτη περίπτωση είναι αυτή του Hacilar και της Mersine (Mellaart 1970, Garstang 1953). Οι οχυρώσεις στο Hacilar και στη Mersine μοιάζουν περίεργως στην αναδιάταξη των διπλών περιβόλων του Διμηνιού, απομακρυσμένος ο ένας από τον άλλο αφήνοντας έτσι αρκετό χώρο για την ανάπτυξη λειτουργικών δομών.

Αν εγκαταλείψουμε την Ανατολή και επανέλθουμε στο Διμήνι και αν προχωρήσουμε προς τα δυτικά του, μετά από μερικά χιλιόμετρα θα συναντήσουμε το Σέσκλο, την *προϊστορικήν ακρόπολιν* του Σέσκλου του Τ. Ο Τ. είχε παρατηρήσει κατά τη διάρκεια των ανασκαφών του στη θέση αυτή τέσσερις περιβόλους (εικ. 13): τον Π. 1 (του Σέσκλου τη φορά αυτή), (εικ. 14, σημείο 23, τετρ. Β 2), ο οποίος για τον Τ. είναι λίγο νεότερος του Π. 2 (σημεία 20, 21, τετρ. Β 2, Β 3, Γ 1, Δ 1), τον Π. 3

(σημεία 22 τετρ. Δ 1, Δ 2) και τον νεότερο όλων Π 4 (σημεία 16, 17, 18, τετρ. Γ 2, Γ 3, Δ 2).

Σύμφωνα με το Τ. ο Π. 1, ο Π. 2, και ο Π. 3 λειτουργούσαν μαζί στη διάρκεια της νεολιθικής Α, που σήμερα θεωρείται αρχαιότερη και μέση νεολιθική. Στη διάρκεια της νεολιθικής Β (νεότερη νεολιθική), ο Π. 3 δεν υπήρχε πια (ο Π. 4 κείται πάνω του). Ο Τ. παρά την ελλιπή του πληροφόρηση, όπως ο ίδιος ομολογεί, όμως πιστεύει ότι οι Π. 1, Π. 2 και Π. 4 ήταν παρόντες όλοι μαζί στη νεολιθική Β.

Αλλά ας κοιτάξουμε από κοντά τα πράγματα. Θα πρέπει να θεωρείται σχεδόν βέβαιο, ότι οι Π. 1, Π. 2 και Π. 3 δε λειτούργησαν ποτέ ως περίβολοι, αλλά ως αναλημματικοί τοίχοι. Και τούτο όχι επειδή οι οχυρώσεις αρχίζουν να εμφανίζονται στη νεότερη νεολιθική και μάλιστα προς το τέλος της, αλλά επειδή οι κατασκευές αυτές είναι στην πραγματικότητα αναλημματικοί τοίχοι.

Για τον Π. 1 και Π. 2 δεν υπάρχει καμιά αμφιβολία. «*Ούτοι είναι κατά το πλείστον τεθεμελιωμένοι επί του στερεού εδάφους και δεν έχουσι πρόσωπον προς τα έσω, αλλ' είναι εκτισμένοι ως αναλήμματα· ίσως όμως υψηλότερον είχον και εσωτερικόν πρόσωπον*» (Δ. Σ. 75).

Η εξωτερική όψη του τοίχου 20 (Π. 2) σε ορισμένα σημεία διατηρήθηκε μέχρι το ύψος των 2 μέτρων. Είδαμε ότι ο Τ. εκτιμούσε το ύψος των περιβόλων του Διμηνιού στα 2, 80 μ. Ακολουθώντας τη λογική των υπολογισμών του, οι περίβολοι του Σέσκλου όφειλαν να είχαν ύψος 4, 80 μ. Πιστεύουμε ότι ο Τ. εντυπωσιάστηκε από το ύψος αυτού του αναλημματικού τοίχου και δεν μπόρεσε να του αρνηθεί την ιδιότητα του περιβόλου, χωρίς να παραλείψει, όμως, να εκφράσει την αμφιβολία του με ένα *ίσως*.

Για τον Π. 3 (22, τετρ. Δ 2), ο Τ. δεν είναι βέβαιος αν πρόκειται για ένα περίβολο ή στην πραγματικότητα για τον τοίχο μιας οικίας.

Ο Θεοχάρης (1962, 1963, 1965, 1966, 1968) έσκαψε για πολλά χρόνια στο Σέσκλο. Ενδιαφέρθηκε κυρίως για τα *ακεραμεικά* στρώματα, τα οποία την εποχή εκείνη ήταν στη μόδα, αλλά έκανε επίσης ορισμένες παρατηρήσεις πάνω στους περιβόλους. Μπόρεσε να αποκαταστήσει ένα ακόμα περίβολο, ο οποίος βέβαια ανήκει στη νεότερη νεολιθική (Π. 5). Ο περίβολος αυτός διέφυγε του Τ. Ο τοίχος του χρησίμευε ως πλευρικός τοίχος του διπλού μεγάρου του Τ. (εικ. 14, σημεία 5, 6, τετρ. Η 3-4 και εικ. 15).

Στα πρακτικά του 1968, ο Θεοχάρης γράφει απλώς ότι «*η κατοίκηση στη μέση νεολιθική (περίοδος του Σέσκλου) ήταν οχυρωμένη*» (σ. 24-25).

Στη Νεολιθική Ελλάδα 1973: 65. Επαναλαμβάνει ότι διαπίστωσε «*οριστικά την ύπαρξη ενός οχυρωματικού τοίχου προς την δυτική πλευρά, περιφερειακούς αναλημματικούς τοίχους και ένα εσωτερικό περίβολο*», και αναπαριστά με γραφικό τρόπο το Σέσκλο στη μέση νεολιθική περιβαλλόμενο από ένα περίβολο (εικ. 16).

Δε βρίσκουμε στα κείμενα του Θεοχάρη λεπτομερείς περιγραφές των *αναλημματικών περιφερειακών τοίχων, του δυτικού οχυρωματικού τοίχου και του εσωτερικού περιβόλου*. Εξετάζοντας μόνο το σχέδιό του βασισμένο σε εκείνο του Τ. (εικ. 14), διαπιστώνουμε: α) ότι ο Θεοχάρης θεωρεί τους Π. 1, Π. 2 και Π. 3 του Τ. ως αναλημματικούς τοίχους (αυτοί είναι επομένως *οι περιφερειακοί του αναλημματικοί τοίχοι*). β) Την ύπαρξη ενός άλλου περιβόλου που για τον Θεοχάρη ανήκει στη μέση νεολιθική και ο οποίος είχε αγνοηθεί από τον Τ. (Π.?. Τετρ. Γ 2, Δ 2 και Ε 1, Ζ 1): αυτός λοιπόν θα πρέπει να είναι ο οχυρωματικός τοίχος προς τη δυτική πλευρά και συνεπώς ο μοναδικός περίβολος της γραφικής αναπαράστασης του Σέσκλου στη μέση νεολιθική[8]. γ) Ότι ο εσωτερικός περίβολος δεν μπορεί να είναι παρά ο Π. 5.

Επανερχόμαστε τώρα στη επικύρωσή μας. Ο Π. 4 της νεολιθικής Β του Τ. και ο Π 5 της νεότερης νεολιθικής του Θεοχάρη (εικ. 15) μας δίνουν μια διάταξη δύο περιβόλων η οποία έχει την ίδια λογική με εκείνη που αποκαλύφθηκε στο Διμήνι, μετά την αναδιάταξη των περιβόλων του.

Για εμάς, υπάρχει ίσως εδώ η απόδειξη, ότι δεν εξαπατηθήκαμε στην αποκατάσταση των περιβόλων του Διμηνιού.

---

8.   Πρόκειται αλήθεια για ένα περίβολο; Αν τον εξετάσουμε από κοντά διαπιστώνουμε ότι έχουν διατηρηθεί ελάχιστα λείψανά του και μόνο αυτά της εξωτερικής του όψης!

63

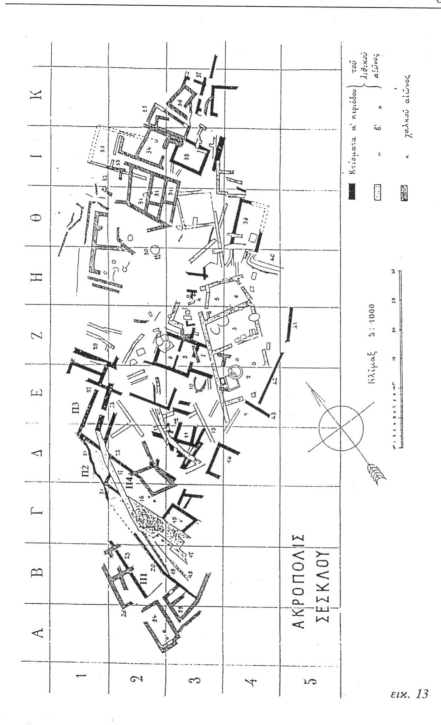

ΑΚΡΟΠΟΛΙΣ
ΣΕΣΚΛΟΥ

εικ. 13

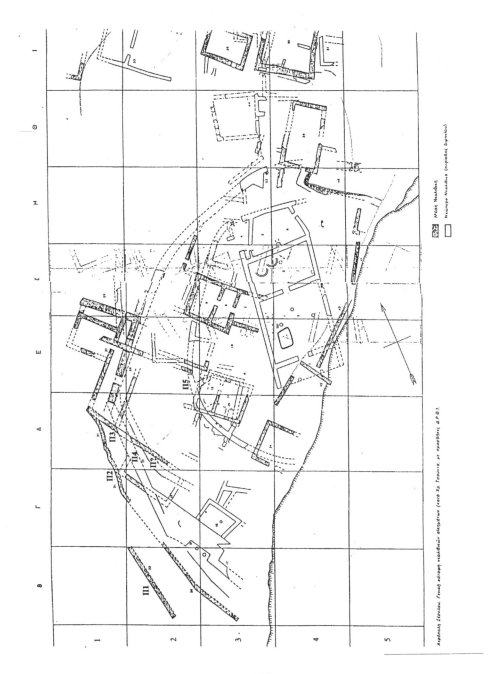

εικ. 14

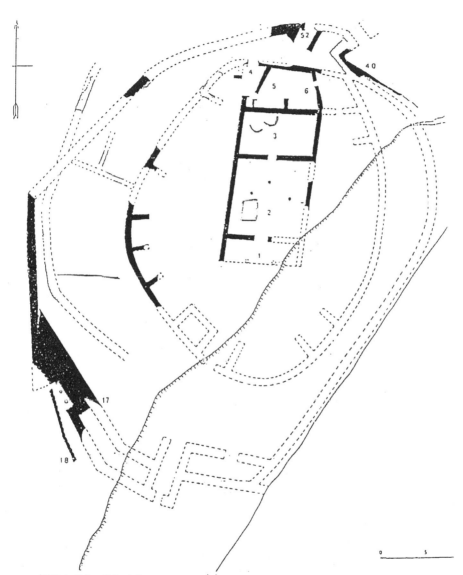

'Ακρόπολη Σέσκλου. Τὸ ὀχυρὸ τῆς Νεώτερης Νεολιθικῆς (σχέδια Δ Ρ Ο).

εικ. 15

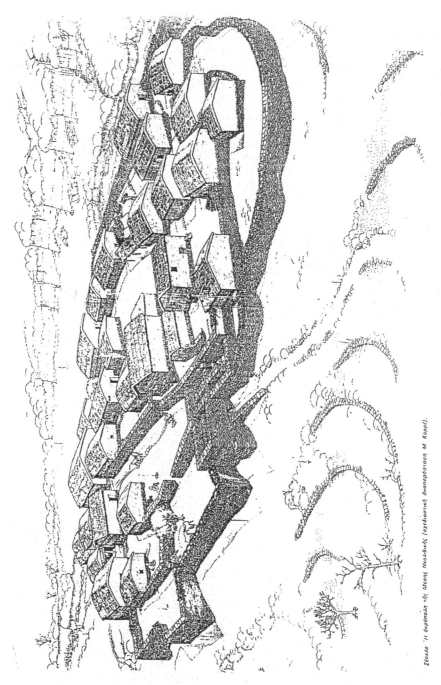

Σκαρίο Ἡ ἀκρόπολη τῆς Μέσης Νεολιθικῆς (σχεδιαστικὴ ἀναπαράσταση Μ. Κορρέ).

εικ. 16

Δεύτερο μέρος
Η ΛΟΓΙΚΗ ΤΗΣ ΛΕΙΤΟΥΡΓΙΑΣ:
επεξεργασία μιας υπόθεσης

V. ΟΙ ΠΕΡΙΒΟΛΟΙ – ΟΧΥΡΩΣΕΙΣ

V.1. Η έρευνα της αμυντικής λειτουργίας

Η Χώρο-χρονική αναδιάταξη των περιβόλων του συμπλέγματος του Διμηνιού, όπως την προτείναμε στο πρώτο μέρος, επανέταξε φαινομενικά το μνημείο στην προϊστορική πραγματικότητα, αφού υπό τη νέα του μορφή δεν εμφανίζεται πλέον ως ένα εκκεντρικό ή παράλογο γεγονός, αλλά ως ένα γεγονός χαρακτηριστικό της νεότερης νεολιθικής περιόδου του ελλαδικού χώρου. Είναι ένα μνημείο τυπικό αυτής της περιόδου λόγω μάλλον της παρουσίας των δύο του περιβόλων, που υποθέτουμε ότι εκπληρώνουν την αμυντική λειτουργία, παρά λόγω της αμυντικής τους διάταξης. Γιατί αν η διάταξη αυτή ανταποκρίνεται σε ένα αμυντικό σύστημα, η πρωτοτυπία του και η αποτελεσματικότητά του δε θα είναι παρά ένα σύμπτωμα του φαινομένου της οχύρωσης, ενός φαινομένου του οποίου η ύπαρξη φαίνεται αβέβαιη στις αρχαιότερες περιόδους της νεολιθικής.

Είναι αλήθεια, ότι μας επισημαίνουν την παρουσία, ήδη από την αρχαιότερη ευρωπαϊκή νεολιθική, στην ηπειρωτική Ελλάδα, αλλά και στην Ιταλία (Courtin 1984) και στις κουλτούρες με κεραμική «rubanée» (Bailloud 1955: 30-31, μιας ή περισσοτέρων από διαφορετικά υλικά περιφράξεων (πέτρες, τάφρους, επιχωματώσεις, πασσάλους), που περιβάλλουν χώρους όχι αναγκαστικά κατοικημένους[9], θεωρούμενες ως αμυντικές κατασκευές. Όμως ακόμα και στην περίπτωση που οι εν λόγω

---

9. Μια κλασική περίπτωση είναι αυτή της θέσης Cologne Lindenthal στην Γερμανία: στην τελευταία κατοίκηση, που χρονολογείται στη νεότερη rubanée προστατεύονται μόνο οι αποθήκες και οι στάβλοι (Εικ. 17).

κατασκευές, εξασφάλιζαν μια συγκεκριμένη προστασία της κατοίκησης, πράγμα απίθανο για τις περισσότερες από αυτές[10], θα ήταν υπερβολή να τους αποδοθεί η λειτουργία ενός πραγματικού οχυρού. Δε θα πρέπει, σε καμιά περίπτωση, να παρασυρθούμε από την αρχαιολογική λογική αυτών των δομών και να αναζητήσουμε τα κριτήρια που αποδεικνύουν, ή όχι, την αμυντική τους λειτουργία μόνο από τις εσωτερικές τους ιδιότητες. Για παράδειγμα, ένας κακοκτισμένος μικρός περίβολος, μια στενή και αβαθής τάφρος, ένα μικρό και ελαφρύ πασσαλότειχος, όλες αυτές οι κατασκευές, θα μπορούσαν να ανταποκρίνονται στη φροντίδα της προστασίας κατά τον ίδιο τρόπο με ένα μεγάλο και παχύ λιθόκτιστο τείχος. Μόνο που στην περίπτωση αυτών των δομών με αβέβαιη λειτουργία, ο λόγος της ύπαρξής τους ως αμυντικές δομές θα εξηγούταν από τις απαντήσεις που θα έπρεπε να δοθούν στις ακόλουθες ερωτήσεις: τι να προστατευθεί και από ποιον να προστατευθεί; Ή γιατί να προστατευθεί; Αν έπρεπε να προστατευθούν τα οικόσιτα ζώα και οι άνθρωποι από τα άγρια ζώα, ή αν θα έπρεπε να διασφαλιστεί η διανοητική και ψυχική υγεία της κοινότητας από τα εχθρικά και κακόβουλα πνεύματα, τότε ένας μικρός περίβολος ή ένα πασσαλότειχος συμβολικού χαρακτήρα θα ήταν υπεραρκετός.

Για να απαντήσουμε στις παραπάνω ερωτήσεις, θα πρέπει βέβαια να ζητήσουμε από όλα αυτά τα ποικίλης φύσεως «οχυρώματα», που με τον ένα ή τον άλλο τρόπο περιόριζαν κατοικημένους ή μη χώρους στη νεολιθική εποχή, να μαρτυρήσουν τη λειτουργία τους. Τη μαρτυρία που τους ζητούμε δεν μπορούν να την προφέρουν και να μας την προσφέρουν από μόνα τους, χωρίς τους συζητητές τους. Αυτοί οι συζητητές δεν είναι βέβαια άλλοι από τις εξωτερικές τους ιδιότητες, από την εξωτερική τους και ανθρωπολογική τους λογική: δηλαδή από το χρόνο τους, το χώρο τους και το κοινωνικό, οικονομικό, πολιτικό και ιδεολογικό πλαίσιο τους. Για παράδειγμα, θα ήταν δυνατόν να υπάρχουν προς το τέλος της 9ης χιλιετίας (PPNA) στην Παλαιστίνη, σε μια θέση όπως αυτή της Ιεριχούς που βρίσκεται «*near a copious spring on a sloping plain which was subject to mudjlow and sheetwash*» κολοσσιαία έργα οχύρωσης; Φαίνεται πώς όχι αν αρχίσουμε να απαντούμε σε μια σειρά ερωτήσεων του είδους:

---

10. Παρατηρήσαμε στο πρώτο μέρος (IV. 2.) ότι οι περίβολοι του Σέσκλου στη μέση νεολιθική είναι στην πραγματικότητα αναλημματικοί τοίχοι. Η ίδια παρατήρηση ισχύει μάλλον και για τις υποτιθέμενες οχυρώσεις της Ν. Νικομήδειας (Ασλάνης 1990: 178).

«*Who were the enemies of Jericho that justified this communal effort, especially the investment in erecting the tower?*, ή «*Why is there no record of other fortified sites in the Near East either at the time or thereafter up about 5500 B.C.?* (Bar- Yosef,1968:158). Συνειδητοποιούμε αμέσως την παρουσία «στο αμυντικό σύστημα» της Ιεριχούς άλλων ιδιοτήτων περισσότερο κατάλληλων από αυτές του ύψους και του πάχους του τείχους και του πύργου, που έλαβε αναμφίβολα υπόψη της η υπόθεση της οχύρωσης. Τα νέα διακριτικά στοιχεία θα μπορούσαν να είναι το μήκος του τείχους και η θέση του πύργου: πράγματι το τείχος της Ιεριχούς δε διαπιστώνεται σε όλη την περιφέρεια του οικισμού και ο πύργος βρίσκεται εντός του τείχους. Αυτές οι νέες παρατηρήσεις σε συνδυασμό με τη θέση του οικισμού σε ένα περιβάλλον ευνοϊκό στις φυσικές καταστροφές μπορούν να οδηγήσουν σε νέες ερμηνευτικές υποθέσεις. Κατ' αυτόν τον τρόπο η «fortified town» της Ιεριχούς μπορεί να μεταμορφωθεί σε ένα απλό χωριό οι κάτοικοι του οποίου ύψωσαν ένα προστατευτικό τοίχο για να αντιμετωπίσουν τους χείμαρρους και τη ροή της λάσπης. Αντίθετα, είχαν πιθανότατα ανυψώσει τον πύργο για τις ανάγκες των τελετουργικών τους αναγκών (έκθεση των νεκρών, για παράδειγμα).

Οι αρχαιότεροι αμυντικοί περίβολοι που έχουμε μέχρι σήμερα διαπιστώσει στην νεολιθική οικουμένη δεν ξεπερνούν το 5500 π.Χ. Ανήκουν είτε στην περίοδο 6 του Auranche και al. (1981), ή στη νεότερη νεολιθική της Μέσης Ανατολής και της Μικράς Ασίας. Τους βλέπουμε στην Κάτω Μεσοποταμία στη θέση Tell es Sawwan IIIA (κουλτούρα της Μέσης Samara), (Abues-Soof 1968. Mellaart 1975 fig. 86) και στη νότιο- δυτική Μικρά Ασία στο Hacilar IIB και IA (Mcllaart 1970 fig. 26, 35). Μια χιλιετία αργότερα στη διάρκεια της Μέσης Χαλκολιθικής (προς το 4400 π.Χ.) η Mersine XVI στην Κιλικία προστατεύεται από ένα εξωτερικό τείχος πάχους 1.50μ. (Garstang 1953: fig. 79).

Περνώντας στην Ευρώπη παρατηρούμε ότι οι κάθε είδους περιφράξεις αρχίζουν να πολλαπλασιάζονται από τη νεότερη νεολιθική. Και κατ' αρχάς στην Ελλάδα όπου εκτός των περιβόλων του Διμηνιού και του Σέσκλου, έχουμε επίσης τις τάφρους στο Οτζάκι και στην Άργισσα (φάσεις Διμήνι και κλασικό Διμήνι) και τους περιβόλους του Μάνταλου (φάση Ραχμάνι), (Ασλάνης 1990: 24-25). Στα Βαλκάνια στην ανατολική Ευρώπη πλήθος θέσεων των κουλτούρων της Vinça, Salcuta, Gumelniça και Cucuteni περιβάλλονται από μια ή και περισσότερες τάφρους ή πασσαλότειχη, (Totorova 1773, Morintz 1962, Berciu 1961, Mateesco 1966, Ferenz 1914). Επίσης στην κεντρική και βορειο-δυτική Ευρώπη ξαναβρίσκουμε τα ίδια συστήματα περιφράξεων σε πολλές θέσεις των κουλτούρων Lengyel, Rôssen, Michelsberg και Chasseen, (Pavuk 1991, Midgley et al. 1993, Wittle1977). Τέλος, στη νότια Ιταλία, χάρη στην εναέρια έρευνα ήδη από το 1946, λογαριάζονται σε εκατοντάδες οι θέσεις που περιορίζονται από μια τάφρο, ένα τείχος ή από μια επιχωμάτωση. (Bradford, Williams 1946).

Αναφέραμε ήδη, ότι αυτές οι νεολιθικές περιφράξεις δεν περικλείουν πάντα μια κατοικημένη επιφάνεια. Μπορούν να περικυκλώνουν μόνο στάβλους και αχερώνες, ή μια μεμονωμένη κατοικία, ή τέλος ένα τελείως κενό χώρο. Οποιαδήποτε και αν είναι η φύση αυτών των περιφράξεων (λιθόκτιστοι, πασσαλόκτιστοι, τάφροι, επιχωματώσεις) σπάνια τις βρίσκουμε μόνες. Συνδυάζονται μεταξύ τους σε αριθμό και σε είδος κατά τρόπο εξαιρετικά ποικίλο, σχηματίζοντας κάθε δυνατό συνδυασμό: (μια τάφρος και ένα πασσαλότειχος, δύο τάφροι, και ένα πασσαλότειχος, τρία πασσαλότειχη και δύο τάφροι, δύο λιθότειχη κλπ.). Όλη αυτή διαφοροποίηση των μορφών δεν μπορεί τελικά παρά να υποβάλλει διαφορετικές λειτουργίες. Πράγματι, η ποικιλία που δημιουργεί ο συνδυασμός των διαφορετικών περιφράξεων ενέπνευσε μια πληθώρα ερμηνευτικών υποθέσεων. Εν τούτοις ο δυνητικός χαρακτήρας της μιας ή της άλλης λειτουργίας «σημειώνεται ή παραμερίζεται, από τους ερευνητές, συχνά χωρίς η μια ή η άλλη υπόθεση να στηρίζεται πάνω σε αποφασιστικά και πειστικά επιχειρήματα» (Courtin 1984: 452). Για παράδειγμα, οι τρεις τάφροι βάθους 3 μ. που περιβάλλουν τον οικισμό Pasco di Corvo στην Ιταλία, για ορισμένους αντιπροσωπεύουν ένα σύστημα αποξηραντικών αγωγών, ενώ για άλλους συγκροτούν ένα αμυντικό σύστημα. Τα «rondels» στη Σλοβακία άλλοτε είναι «fortified settlement sites» και άλλοτε «enclosed ceremonial areas», (Midgley et al. 1993: 94-95). Ούτε το Διμήνι κατάφερε να ξεφύγει από αυτήν τη λειτουργική αοριστία. Του αποδίδονται λειτουργίες πραγματικά ολωσδιόλου αντίθετες, γιατί αν ο Τ. έβλεπε σε αυτό μια ακρόπολη, ο M.. S. F. Hood αντιλαμβανόταν ένα απλό ποιμνιοστάσιο, (Vermeule 1964:16).

Η έρευνα της οχυρωματικής λειτουργίας των περιβόλων του Διμηνιού δε θα είχε κανένα νόημα, αν το σύνολο των νεολιθικών περιβόλων που έχουν ανακαλυφθεί μέχρι σήμερα, είχε αποτελέσει αντικείμενο μιας παραγωγικής τυπολογίας[11]. Στους κόλπους μιας τέτοιας τυπολογίας πε-

---

11. Μια παραγωγική τυπολογία, σύμφωνα με την ορολογία του J. C. Gardin

ριλαμβάνουσας πολλές λειτουργικές κατηγορίες θα μπορούσε να υπάρχει και αυτή της οχύρωσης. Αυτή η κατηγορία θα μπορούσε να διαιρεθεί σε τάξεις ακολουθώντας τα διάφορα αμυντικά συστήματα και αυτές να υποδιαιρεθούν σε διαφορετικές υπό-τάξεις. Μια τέτοια υπό-τάξη θα ήταν το σύστημα οχύρωσης διπλών ομόκεντρων απομακρυσμένων μεταξύ τους περιβόλων, στο οποίο θα διακρίναμε ένα ορισμένο αριθμό τύπων. Η αμυντική διάταξη στο Διμήνι και στο Σέσκλο θα αποτελούσε ένα ξεχωριστό τύπο του συστήματος οχύρωσης με διπλό περίβολο ή μια τοπική του μεταβλητή. Το κύριο και διακριτικό χαρακτηριστικό αυτού του τύπου είναι ο κατοικήσιμος χώρος μεταξύ των δύο περιβόλων. Σε αυτό το χώρο μπορούν να αναπτυχθούν μικρές οικιστικές μονάδες με τρόπο είτε ανεξάρτητο, είτε εξαρτώμενες από τους περιβόλους. Η πρώτη περίπτωση είναι αυτή της $4^{ης}$ και $5^{ης}$ φάσης του Διμηνιού (εικ. 9 και 10) και, ίσως, της θέσης Zlokovce της κουλτούρας Lengyel στη Σλοβακία και της θέσης De Murgecchia στην Ιταλία (Pavuk 1991, fig. 4, Ridola 1924:111). Στη δεύτερη περίπτωση οι οικιστικές μονάδες εξαρτώνται από τους περιβόλους, γιατί δανείζονται από αυτούς πότε το νωτιαίο μόνο τοίχο τους (Διμήνι, φάση 2 και 3 και Σέσκλο) και πότε το νωτιαίο τους και τον μετωπιαίο τους (Hacilar 1A-B, Mersine XVI εικ. 18). Δε θα ήταν υπερβολή να λέγαμε ότι το Hacilar και η Mersine παρουσιάζουν μια ανατολίτικη μεταβλητή του τύπου των διπλών ομόκεντρων απομακρυσμένων μεταξύ τους περιβόλων, όπου οι δύο περίβολοι σχηματίζονται μάλλον από τους εξωτερικούς τοίχους μιας σειράς κατοικιών δια τεταγμένες κυκλικά και συνδεδεμένες μεταξύ τους με μεσοτοιχίες.

Ελλείψει μιας παραγωγικής τυπολογίας, η διάταξη των δύο ομόκεντρων απομακρυσμένων μεταξύ τους περιβόλων θα ήταν ένας τύπος μιας ταξινόμησης ενεργοποιημένης μόνο από τα εξωτερικά της χαρακτηριστικά του χώρου και του χρόνου. Μια τυπική, λοιπόν, διάταξη καλά εντεταγμένη στο χώρο και στο χρόνο, της οποίας όμως θα αγνοούσαμε την ή τις ειδικές λειτουργίες. Αν τα τείχη του Hacilar του tell es Sawwan και της Mersine ή της Ιεριχούς ταξινομήθηκαν χωρίς δισταγμό στη λειτουργική τάξη των οχυρώσεων και οι περίβολοι του Διμηνιού σε εκείνη των ποιμνιοστασίων, τούτο συνέβη επειδή η ερμηνευτική τους διαδικασία περιορίστηκε στο τεχνολογικό μόνο επίπεδο. Γνωρίζουμε ότι στο

1979:153, είναι αυτή της οποίας οι τάξεις ή οι λειτουργικές ιδιότητες επιβάλλονται από την εμπειρική παρατήρηση, (Gallay 1986:178).

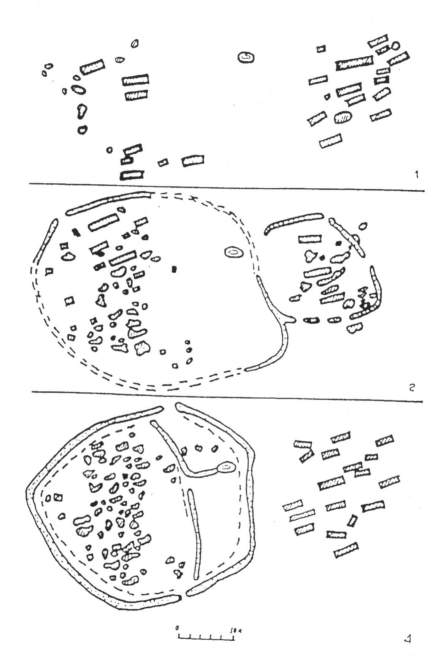

εικ. 17. Οι διαδοχικές φάσεις κατοίκησης του οικισμού Cologne-Lidenthal

επίπεδο αυτό οι αμφιβολίες μεταξύ της μορφής και της λειτουργίας μειώνονται στο ελάχιστο[12]. Αρκεί να παρατηρήσουμε το πάχος και το ύψος αυτών των δομών και να αναφερθούμε στην εσωτερική λογική του συστήματος των οχυρώσεων και σε αυτό των ποιμνιοστασίων της ιστορικής εποχής, για να δούμε είτε τη λειτουργία του αμυντικού τείχους, είτε εκείνη του φράχτη για το μάντρωμα των ζωντανών. Αλλά, ομοίως, αρκεί να αυξηθεί ο αριθμός των εσωτερικών παρατηρήσεων και να διευρυνθεί ο τομέας των εξωτερικών αναφορών (κοινωνικές, οικονομικές, ιδεολογικές), για να μεταμορφωθούν οι περίβολοι του Διμηνιού και ο πύργος της Ιεριχούς αντιστοίχως σε οχυρωματικά τείχη και σε ένα τελετουργικό χώρο.

Η ίδρυση μιας λειτουργικής ταξινόμησης όλων αυτών των διατάξεων που περιβάλλουν τις νεολιθικές θέσεις, άπαξ τακτοποιημένες δεόντως στο χώρο και στο χρόνο, δεν μπορεί να γίνει παρά με την επιλογή των κατάλληλων ιδιοτήτων τους και υποστηριζόμενη από ένα ορισμένο αριθμό υποθέσεων που αφορούν στο κοινωνικό, οικονομικό, ιδεολογικό και πολιτικό πλαίσιό τους. Μόνο μέσω της μελέτης αυτού του πλαισίου μπορούμε να οδηγηθούμε σε υποθέσεις σχετικά με τις ειδικές τους λειτουργίες σε μια ή σε πολλές συγκεκριμένες κοινωνίες. Η μελέτη αυτού του πλαισίου σημαίνει πρώτα από όλα τον εμπλουτισμό αυτών των διατάξεων με μια εξωτερική γνώση αναφοράς, απαραίτητη για τη λειτουργική τους ερμηνεία. Οι διάφορες λειτουργίες που έχουν μέχρι του παρόντος δοθεί στο Διμήνι βασίστηκαν πάνω σε παρόμοιες γνώσεις λίγο ή πολύ επεξεργασμένες. Στο επόμενο κεφάλαιο θα σταθούμε πάνω από τις πιο ευγενείς εξ' αυτών, αλλά πριν φθάσουμε εκεί ας επιχειρήσουμε να δούμε τι μπορεί να συμβεί στο Διμήνι και στο Σέσκλο, στην περίπτωση που

12.   Είναι αναμφίβολα μάταιη η προσπάθεια αποκατάστασης της ολότητας των διαφόρων όψεων του παρελθόντος από τα υλικά γεγονότα και μόνο. Η κύρια δυσκολία οφείλεται στην τεράστια απώλεια των πληροφοριών που συμβαίνει στο πέρασμα από τη ζωή στα ερείπια. Σε αυτή τη δυσκολία προστίθεται και το πρόβλημα του διφορούμενου χαρακτήρα των υλικών γεγονότων. Ένα υλικό γεγονός μπορεί να ανταποκρίνεται σε πολλές και διαφορετικές λειτουργίες, κατά τον ίδιο τρόπο που μια συγκεκριμένη λειτουργία μπορεί να υπάρχει σε διαφορετικές υλικές κατασκευές. Το διφορούμενο μεταξύ μορφής και λειτουργίας είναι αρκετά περιορισμένο στο τεχνολογικό επίπεδο, τείνει όμως να αυξάνεται, όταν προσεγγίζουμε τον οικονομικό τομέα, μετά τον κοινωνικό τομέα, για να κορυφωθεί σε εκείνους της ιδεολογίας και της συμβολικής και θρησκευτικής εικονογραφίας.

74

αποποιούμαστε τη συγκρότηση μιας γνώσης αναφοράς υπό το πρόσχημα της αρχαιολογικής αντικειμενικότητας. Δηλαδή όταν αρνούμαστε την αναζήτηση των κατάλληλων χαρακτηριστικών των αντικειμένων μας μέσα από «*αυτό τον τύπο ανταπόκρισης μεταξύ των εσωτερικών χαρακτηριστικών και μιας ταξινόμησης που γίνεται με βάση τα εξωτερικά χαρακτηριστικά*» (Gallay 1986:217). Αν αρνηθούμε αυτή την ερευνητική προσέγγιση, καταλήγουμε σε ένα ιστορικό αδιέξοδο. Εκεί οδηγεί η λειτουργική ταξινόμηση των υλικών γεγονότων από ένα η από πολλά κριτήρια, που προέρχονται αποκλειστικά από τα εσωτερικά τους χαρακτηριστικά. Γνωρίζουμε ότι οι ερμηνευτικές επιχειρήσεις αυτού του είδους δεν καταλήγουν, στην καλύτερη περίπτωση, σε τίποτα, αν όχι στη διαπίστωση της αναγκαιότητας μιας ανθρωπολογικής εξωτερικής γνώσης[13], και στη χειρότερη περίπτωση σε ανοησίες.

Μπορεί να συμβεί στους ερευνητές του προϊστορικού κόσμου, όταν αποφασίζουν να αντιδράσουν καθαρά μόνο ως προϊστοριολόγοι ή αρχαιολόγοι μπροστά στη συγκεκριμένη πραγματικότητα που μελετούν, να υιοθετήσουν μια συμπεριφορά φαινομενικά ουδέτερη, στην πραγματικότητα όμως αρκετά φαρισαϊκή απέναντι στην ιστορία και καθόλου παρηγορητική για τους μηχανισμούς της αποκατάστασής της. Αυτή η συμπεριφορά, κατά κανόνα, υποδεικνύεται από την αρχαιολογική καθαρότητα της υπό μελέτης πραγματικότητας, καθαρότητα που επιβάλλουν οι ερμηνευτικές εξουσίες που αποδίδουμε στις εσωτερικές ιδιότητες της πραγματικότητας αυτής. Η πίστη αυτή είναι ριζωμένη σε πολλούς ερευνητές, ακόμα και στους επιφανέστερους. Έχουμε την περίπτωση του H. Van Effenterre ο οποίος μπροστά στον προσδιορισμό ενός φαινομένου κακοπροσδιορισμένου κατά τη γνώμη του, προτιμά να αντιδράσει καθαρά μόνο ως αρχαιολόγος και ως προϊστοριολόγος, όπως ο ίδιος ομολογεί (1990:484). Το αποτέλεσμα της αντίδρασής του αυτής δε θα δώσει τίποτα το ενθαρρυντικό. Ο Van Effenterre, σε αυτό το ελκυστικό άρθρο, εξαιτίας της τοποθέτησης του προβλήματος και όχι εξαιτίας της λύσης που μας προτείνει, προσπαθεί να ορίσει την έννοια της «πόλης» στην αιγαιακή προϊστορία. Ας κοιτάξουμε πολύ γρήγορα την επιχειρηματο-

---

13. Στη διαπίστωση αυτή κατέληξε, για παράδειγμα, η Δώρα Κόνσολα (1990:471) μετά από την προσπάθειά της να κατανοήσει το φαινόμενο της πολεοδομίας στην αρχαιότερη περίοδο του χαλκού στο Αιγαίο, μέσω μιας ταξινόμησης βασισμένης πάνω σε ένα μόνο εσωτερικό κριτήριο: το μέγεθος των οικισμών. «In general, urbanization cannot be detected solely by means of a single criterium and certainly not by size alone. The presence or absence of a series of important characteristics, such as social stratification, economic specialization, planning, public works, as well as other factors, must bear the greatest weight in determining the level of urban development a settlement has reached.».

λογία του. Δεν αρχίζει με μια υπόθεση, αλλά με μια συνετή εκτίμηση, με μια εντύπωση που διαισθάνονται οι «αρχαιολογικές ψυχές». *«Σκέφτομαι ότι κανείς εδώ δε θα αρνιόταν ότι η μινωική Κνωσός ή η 'ευρυάγια Μυκήνη' δεν ήταν πόλεις»* (σ. 485). Στη συνέχεια διαπιστώνει, από τη μια μεριά, «την αοριστία που πολύ συχνά βασιλεύει στην ιστορικό- αρχαιολογική διάλεκτο» (σ.486), όταν αυτή χρησιμοποιεί τη λέξη «πόλη», (π.χ. η «πόλη» είναι άλλοτε ένας «περίβολος κορυφής» (dumos), άλλοτε «το κατοικημένο κέντρο μιας περιοχής» (villa), άλλοτε μια «οχυρωμένη θέση», (stad), άλλοτε «μια ακρόπολη» (πόλις) κλπ.), και από την άλλη μεριά τη σύγχυση που δεσπόζει στο συγκεκριμένο επίπεδο. Παίρνει ως παράδειγμα τη γενική ταξινόμηση του Stefan Sinos (Vorklassichen Hausformen), στην οποία το Σέσκλο και το Διμήνι μαζί με τις Μυκήνες, τη Χαλανδριανή, την Ασπίς Άργος και τη Φυλακωπή ταξινομούνται ως «ακροπόλεις», ενώ η Θέρμη, η 'γαλάζια' Πολιόχνη, τα Γουρνιά η Ψείρα... θα ήταν «πόλεις». Αλλά η Χοιροκοιτιά, η Αυίνη και η Κρίσα εμφανίζονται ως «συμπλέγματα» κλπ. Ένα άλλο παράδειγμα σύγχυσης προσφέρεται από την εργασία της Vermeule (Greece in the Bronze Age) στην οποία το Διμήνι χαρακτηρίζεται άλλοτε «πόλις» άλλοτε «sheepfold» και άλλοτε «fortified town». Ο Van Effenterre αφού αναδεικνύει την αοριστία και τη σύγχυση που βασιλεύει στον ορισμό της έννοιας της πόλης, στη συνέχεια αναζητά αυτόν τον ορισμό στις διαφορές μεταξύ της έννοιας του χωριού και της πόλης, μεταξύ της κατοίκησης κατά κώμας και κατά πόλεις σύμφωνα με την έκφραση του Θουκυδίδη. Έτσι *«η διάκριση οφείλει να θεμελιωθεί πάνω στις μεσαίες επιφάνειες, στον αριθμό του πληθυσμού, στους χαρακτήρες της πολεοδομίας, στο βαθμό της κοινωνικής ένταξης ή στην οικονομική ανάπτυξη, στις πολιτικές δομές, ή στα συναισθήματα των ενδιαφερομένων. Όπως σε κάθε σύνορο, υπάρχουν οριακές περιπτώσεις: μεταξύ του μεγάλου χωριού και της μικρής πόλης η διάκριση είναι αβέβαιη. Αλλά κοινωνιολόγοι και ιστορικοί είναι τουλάχιστον, σε γενικές γραμμές, σύμφωνοι στην πιθανότητα να ορισθούν τα κριτήρια της διάκρισης».* (σ. 487). Εν τούτοις, για το συγγραφέα μας, η κοινωνιολογία και η ιστορία μένουν τελείως ανενεργές όταν πρόκειται να απαντήσουν στα ζητήματα που θέτει η εμφάνιση ενός κοινωνικού και ιστορικού φαινομένου, όπως είναι αυτό της πόλης. Γιατί παρόμοια ζητήματα αναδύουν εξαιρετικά πολύπλοκα, αν όχι άλυτα, προβλήματα του είδους της όρνιθας και του αυγού (προτεραιότητα μιας δομής σε σχέση με μια άλλη), των οποίων η λύση εξαρτάται από ανεξέλεγκτους θεωρητικούς παράγοντες. Είναι, επομένως, άχρηστη η προσέγγιση της λύσης τους δια μέσου ενός επιστημονικού διαβήματος (μοντέλο) το οποίο θα δοκίμαζε να αποκαλύψει τις διάφορες θεωρητικές παραμέτρους του φαινομένου (κοινωνιολογικές, οικονομικές, ιδεολογικές, πολιτικές) και να αναζητήσει με αυτό τον τρόπο τα κριτήρια που χαρακτηρίζουν την πόλη. Αντίθετα, είναι πολύ πιο φρόνιμο να παραμείνουμε στο πρακτικό επίπεδο και να περιοριστούμε στον εμπειρικό τομέα, αφού ο τομέας αυτός μπορεί να μας προμηθεύσει απλά διακριτικά κριτήρια. Ποια είναι αυτά τα απλά κριτήρια; Η οχύρωση, κατά τον Van Effenterre, είναι ένα ακατάλληλο κριτήριο, *«γιατί η έννοια της άμυνας φαίνεται να συνδέεται με τις ιστορικό-γεωγραφικές συνθήκες του πληθυσμού, έτσι θα βρούμε πόλεις ανοχύρωτες κυρίως στην Κρήτη, ενώ οι οχυρώσεις ήταν αναγκαίες στο Αρχιπέλαγος ή στις ηπειρωτικές θέσεις που είναι σαφώς εκτεθειμένες».* Η κεντρική πολιτική, η θρησκευτική εξουσία, στους κόλπους ενός οικισμού, δεν επιτρέπει να καταλάβουμε αν είναι η αιτία ή το αποτέλεσμα της πόλης. Η ύπαρξη αγοράς αποκλείεται, επίσης, από την κατηγορία των απλών διακριτικών κριτηρίων, γιατί υπάρχουν πόλεις *«αποτελούμενες από διοικητικά κτίρια και από αριστοκρατικές κατοικίες»* (Τύλισος, Κνωσός), που δεν έχουν ανάγκη από αγορά. Όλοι αυτοί οι παράμετροι δεν προσφέρουν παρά ενδείξεις, και *«όχι αληθινά κριτήρια».* Από τη τελευταία αυτή διαβεβαίωση του συγγραφέα μας προκύπτει μια παρατήρηση λογικής τάξης ακολουθούμενη από μια σειρά ερωτήσεων: αν αναζητούμε να ορίσουμε την έννοια της πόλης στην εποχή του χαλκού, τότε αγνοούμε εκ των προτέρων τα κριτήρια που την ορίζουν. Και αν αγνοούμε αυτά τα κριτήρια, τότε πώς γνωρίζουμε ότι η οικονομική παράμετρος (αγορά), για παράδειγμα, δίνει ενδείξεις και όχι αληθινά κριτήρια; Η ιστορικό-γεωγραφική εξήγηση, δηλαδή ότι στο αρχιπέλαγος και στην ηπειρωτική χώρα οι οχυρώσεις είναι αναγκαίες επειδή οι θέσεις είναι εκτεθειμένες, είναι επαρκής; Αν ναι, τότε γιατί οι θέσεις της αρχαιότερης και μέσης νεολιθικής της ηπειρωτικής χώρας και του Αρχιπελάγους δεν ήταν οχυρωμένες; Πώς η πολιτική εξουσία, στους κόλπους ενός οικισμού μπορεί να εμφανισθεί πριν ή μετά την πόλη και τανάπαλιν; Η δημοκρατία, παραδείγματος χάρη, με την πολιτική έννοια της λέξης, θα μπορούσε επομένως να είχε υπάρξει πριν τη γέννηση της πόλης. Γιατί, τέλος, ένας οικισμός με αριστοκρατικές κατοικίες και διοικητικά κτίρια, χωρίς αγορά, μπορεί να είναι μια πόλη; Και τι είναι ένας οικισμός τεχνιτών με ή δίχως αγορά; Υπήρχαν εξειδικευμένες πόλεις πριν την εμφάνιση της πόλης με την πλήρη και καθαρή έννοια της λέξης; Ιδού, ένα πολύ μικρό δείγμα ερωτήσεων από τις απαντήσεις των οποίων θα εξαρτηθεί, ίσως, η συγκέντρωση, δια μέσου μιας χώρο-χρονικής και λειτουργικής ταξινόμησης, των κατάλληλων χαρακτηριστικών που θα επιτρέψουν να ορισθεί η έννοια της πόλης στο χώρο και στο χρόνο. Ο Van Effenterre αποφεύγει αυτή την ερευνητική προσέγγιση προς όφελος μιας άμεσης μεθόδου ταξινόμησης που χρησιμοποιεί, κατ' αυτόν, αδιάσειστα κριτήρια. Ποια είναι αυτά τα κριτήρια; Το εξής ένα: ο *«τετραγωνισμός του κενού».* *«Η οργάνωση των αστικών χώρων σε ένα αφηρημένο σχήμα, κατά κανόνα, ορθογώνιο»* (σ. 489). Έτσι, *«από τη στιγμή που αυτή η τάση τετραγωνισμού αρχίζει να διαφαίνεται στην εξέταση ενός οικισμού, τούτο σημαίνει ότι έχουμε φθάσει στο αστικό στάδιο»* (σ. 489). Κατ' αυτόν τον τρόπο η Φαιστός, η Κνωσός ή οι Μυκήνες είναι πόλεις, ενώ η Χαλανδριανή ή η Ασπίς Άργος δεν είναι παρά οχυρωμένα χωριά. Σε αυτή την τελευταία κατηγορία κατατάσσεται και το Διμήνι, αλλά το Σέσκλο στη μέση νεολιθική *«θα ήταν ήδη μια πόλη».* Ίσως το Σέσκλο να μην ανταποκρίνεται ακριβώς στο κριτήριο του τετραγωνισμού του κενού, αλλά τι να πούμε για το νεολιθικό οικισμό της Polyanitsa στη Βουλγαρία (εικ. 19α). Ο τετραγωνισμός στη θέση αυτή είναι χωρίς αμφιβολία ο ιδανικός. Και γιατί να περιοριστούμε στη νεολιθική; Κανείς δεν μπορεί να αποκλείσει την πιθανότητα να βρούμε κάποια ημέρα ένα οικισμό της νεότερης παλαιολιθικής που να εμφανίζει τάσεις τετραγωνισμού. Κατά τη γνώμη μας, και με όλο τον οφειλόμενο σεβασμό στο πρόσωπο του Van Effenterre, αν μας αρέσει να παίζουμε με αυτού του είδους τα κριτήρια, τότε έχουμε περισσότερες ελπίδες να λύσουμε το ψεύτικο και αξεμπέρδευτο πρόβλημα του τετραγωνισμού του κύκλου, παρά να ορίσουμε την έννοια της πόλης βασιζόμενοι στο κριτήριο του τετραγωνισμού του κενού.

V.2. Φράχτης εναντίον οχύρωσης

Όλοι οι συλλογισμοί σχετικά με το Διμήνι, άξιοι αναφοράς εδώ, με σκοπό να αποκαλύψουν την ειδική σημασία των περιβόλων του μπορούν να διανεμηθούν στις τρεις κατηγορίες ερμηνευτικών κατασκευών (πρωτόγονη, κανονιστική, συστεμική) όπως τις καθόρισε ο J.C. Gardin (1979: 175).

Α. Η ερμηνεία του Τ. εντάσσεται στην πρώτη κατηγορία. Είναι πρωτόγονη όχι βέβαια λόγω της αρχαιότητάς της, αλλά λόγω της μορφής της: *είναι μια λογική παράφραση της διαπίστωσης της ομοιότητας.* Το Διμήνι για τον Τ. είναι μια ακρόπολη γιατί από τη γεωγραφική της θέση μοιάζει με όλες εκείνες τις οχυρωμένες πόλεις κορυφής της εποχής του χαλκού και της ιστορικής εποχής. Από αυτό και μόνο το γεγονός οι περίβολοι χρίζονται οχυρωματικοί, όμως η ταπεινή τους εμφάνιση και ο μεγάλος τους αριθμός απαιτούν συμπληρωματικές επεξηγηματικές προσεγγίσεις. Κατ’ αυτόν τον τρόπο, όπως το είδαμε στο κεφάλαιο II&2 του πρώτου μέρους, θα επιβληθεί η έννοια του συστήματος οχύρωσης και ή δικαιολόγησή του στο χώρο και στο χρόνο δια μέσου μιας εξελικτικής προοπτικής, η οποία ξεκινώντας από τους εξ περιβόλους της διμηνιακής ακρόπολης, θα καταλήξει στο μεγάλο και συμπαγές τείχος των μυκηναϊκών ακροπόλεων (βλ. κεφ. IV&1).

Β. Για έναν άλλο συγγραφέα (Ασλάνης 1990) που πραγματεύτηκε τις νεολιθικές οχυρώσεις στην Ελλάδα και ιδιαίτερα αυτές του Διμηνιού, η λύση του προβλήματος εξαρτάται από δύο βασικά στοιχεία:

«α. Το κριτήριο, σύμφωνα με το οποίο ένας περίβολος θεωρείται αμυντικός, και

β. Η περίοδος της προϊστορίας, στην οποία η παρουσία των οχυρώσεων κρίνεται αναγκαία» (σ. 20).

Του χρειάζεται ένα σταθερό κριτήριο διάκρισης, αφού, καθώς φαίνεται, το όριο μεταξύ του τοίχου ενός οποιουδήποτε φράχτη και του τοίχου μιας οχύρωσης είναι εκ των προτέρων δυσδιάκριτο στη νεολιθική προϊστορία. Για τον Ασλάνη λοιπόν, θα πρέπει να αναζητηθεί αυτό το όριο μεταξύ όλων αυτών των διαφόρων προστατευτικών κατασκευών σε

78

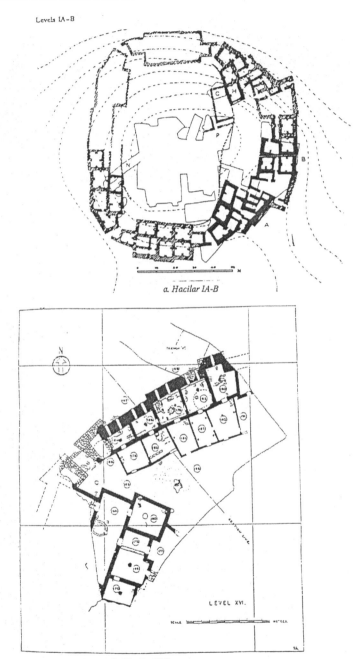

α. Hacilar IA-B

β. Mersine XVI

εικ. 18

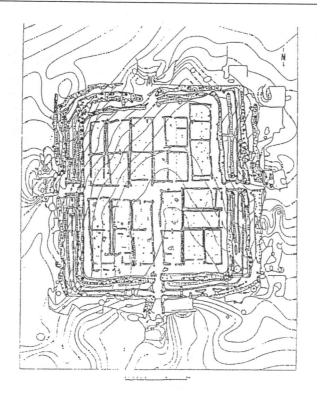

α. Polyanitsa Βουλγαρία

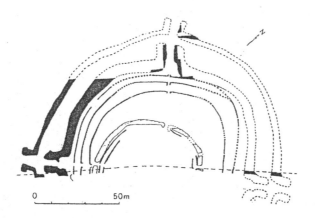

β. Svodin Σλοβακία

εικ. 19

κάποια μορφολογική ιδιαιτερότητα τους: είτε στο μέγεθός τους, είτε στη διάταξή τους. «Με δεδομένες όμως τις περιορισμένες κατασκευαστικές δυνατότητες του νεολιθικού ανθρώπου, θα πρέπει να αποκλειστεί η παρουσία τεράστιων σε μέγεθος κατασκευών. Μένει λοιπόν να αναζητήσουμε ως κριτήρια για βέβαιη αμυντική λειτουργία κάποια ιδιαίτερη και ευφυή διάταξη απλών κατασκευών, οι οποίες ήταν σε χρήση από παλαιότερα. Τέτοια διάταξη θα μπορούσαν να εκφράζουν οι πολλαπλοί ομόκεντροι περίβολοι, η κατασκευή των οποίων ήταν ήδη γνωστή και εφικτή.» (σ. 21). Υποστηρίζοντας παρόμοιες θέσεις, πέφτουμε θύματα ενός μάλλον κακόγουστου χωρατού, εκ μέρους της ίδιας μας της φυσικής λογικής, παρά ενός λανθασμένου ή κακού συλλογισμού. Πράγματι, αν οι νεολιθικοί ήταν ικανοί να κατασκευάζουν αμυντικά συστήματα εξαιρετικά ευφυή και πολύπλοκα, τότε γιατί δεν ήταν σε θέση να πραγματοποιήσουν πολύ πιο απλές κατασκευές θέτοντας τη μια πέτρα πάνω στην άλλη, υψώνοντας έτσι ένα τοίχο επτά ή οκτώ μέτρων, όπως έκαναν οι πρωτονεολιθικοί πρόγονοί τους της Ιεριχούς; Όπως το 'γεωμετρικό' κριτήριο, που είδαμε προηγουμένως, της διάκρισης της πόλης από το χωριό, έτσι και το μορφολογικό κριτήριο της 'ευφυούς διάταξης' που ξεχωρίζει τους φράκτες από τις οχυρώσεις μπορεί να οδηγήσει σε ανόητες προτάσεις: ο περίβολος του tel es Sawwan δεν είναι οχυρωματικός, γιατί βρίσκεται μόνος του, δεν παρουσιάζει τίποτα το ιδιαίτερο ή το ευφυές· οι δύο τάφροι και οι τρεις πασσαλότοι(ει)χοι στο Svodin στη Σλοβακία (εικ. 19β) που περικλείουν ένα ακατοίκητο χώρο συνιστούν ένα κατ' εξοχήν ευφυέστατο αμυντικό σύστημα. Ο Ασλάνης μας προτείνει μια πρωτόγονη λειτουργική ερμηνεία: το Διμήνι διαθέτει πολλαπλούς ομόκεντρους περιβόλους (δύο σε κάθε φάση κατοίκησης πολύ κοντά ο ένας στον άλλο)· οι ζευγαρωτοί περίβολοι γίνονται, από τη νεότερη νεολιθική, ένα συνηθισμένο φαινόμενο στα Βαλκάνια και υποθέτουμε ότι πρόκειται για ένα ευφυές αμυντικό σύστημα. Αλλά η υπόθεση του αμυντικού συστήματος δεν είναι η μόνη που μπορούμε να κάνουμε πάνω σε αυτή την ευφυή αμυντική διάταξη των περιβόλων, θα μπορούσε αυτή να εξυπηρετεί διάφορες δραστηριότητες: διαχείριση των κοπαδιών, καθορισμός οικοτεχνικών δραστηριοτήτων, θρησκευτικές πρακτικές κλπ.

Η επιχειρηματολογία πάνω στην οποία στηρίζεται η υπόθεση του αμυντικού συστήματος δεν είναι επεξεργασμένη με τρόπο που να αποκλείει όλες τις άλλες. Πρόκειται επομένως για μια επιφανειακή και ημιτελή επιχειρηματολογία και αυτός είναι ο λόγος που χαρακτηρίζονται πρωτόγονες οι ερμηνείες που επιτυγχάνονται με αυτόν τον τρόπο.

Η υπόθεση του αμυντικού συστήματος αρχίζει να συμπληρώνεται και να γίνεται περισσότερο λογική από τη στιγμή που εισάγει στους μηχανισμούς της το δεύτερο «βασικό στοιχείο». *Δηλαδή αυτό της «περιόδου της προϊστορίας, στην οποία η παρουσία των οχυρώσεων κρίνεται αναγκαία».* Το στοιχείο αυτό παραπέμπει αμέσως στην εξέταση του κοινωνικού και οικονομικού πλαισίου της νεότερης νεολιθικής. Φαίνεται, κατά τον Ασλάνη, ότι από την αρχαιότερη μέχρι τη νεότερη νεολιθική η οικονομική αυτάρκεια των κοινοτήτων εκμηδένιζε την ανάγκη επιδρομής και τους εξασφάλιζε μια ειρηνική συνύπαρξη. Επί πλέον, η ισότητα στην κοινωνική τους οργάνωση δεν ευνοούσε συγκρούσεις και ανταγωνισμούς μεταξύ των οικογενειακών ομάδων που τις αποτελούσαν. Επομένως σε έναν κόσμο από κάθε άποψη ειρηνικό, τα οχυρωματικά έργα δεν είχαν καμιά θέση. Αντίθετα, κατά τη διάρκεια της νεότερης νεολιθικής λαμβάνουν χώρα μεγάλες οικονομικές και κοινωνικές αλλαγές. Παρακολουθούμε την ανάδειξη τεχνιτών ή εξειδικευμένων ομάδων που θα αποτελέσουν τον πυρήνα της δημιουργίας κοινωνικών στρωμάτων. *«Στο στάδιο όμως αυτό οι ομάδες συνυπήρχαν λιγότερο ή περισσότερο ισότιμα στον οικισμό, αλληλοεξαρτώνταν και ενδιαφέρονταν να προστατεύσουν από εξωτερικούς κινδύνους τα σημαντικά πλεονεκτήματα αυτού του νέου τρόπου ζωής»* (σ. 22). Σύμφωνα με το παραπάνω απόσπασμα θα πρέπει να σκεφτούμε, ότι όλες οι θέσεις της νεότερης νεολιθικής που κατοικούνταν από αυτές τις νέες κοινωνικές τάξεις ήταν οχυρωμένες. Τούτο σημαίνει, ότι στις θέσεις αυτές, όχι μόνο το ζευγαρωτό σύστημα περιβόλων, αλλά και κάθε σύστημα ενός ή πολλαπλών περιβόλων δεν μπορεί να έχει παρά αμυντική λειτουργία. Αντιλαμβανόμαστε εδώ, ότι μόνο με τη μελέτη του κοινωνικό-οικονομικού πλαισίου καταφέρνουμε να ξεπεράσουμε τις ανοησίες του μορφολογικού κριτηρίου της ευφυούς διάταξης, που δεν μπορούσε να καταχωρίσει ως οχυρώσεις παρά μόνο το σύστημα των πολλαπλών περιβόλων, και φθάνουμε έτσι σε ένα υψηλότερο επίπεδο ταξινόμησης στο οποίο ομαδοποιούμε κάθε είδος περιβόλου και τα υλικά αντικείμενα που καθορίζουν την κοινωνία των εξειδικευμένων ομάδων. Η κοινωνία αυτή αντανακλά κανόνες (νόρμες) συμπεριφοράς αποκλειστικά δικές της, μεταξύ των οποίων και αυτή της οχύρωσης της κατοίκησής της.

Γ. Αν ο Ασλάνης αγνοεί την κανονιστική φύση του ερμηνευτικού του διαβήματος, δε συμβαίνει το ίδιο με έναν άλλο συγγραφέα, που υπήρξε ο μόνος, μετά τον Τ., ο οποίος προσέγγισε με τρόπο επιτήδειο και διαπεραστικό το ζήτημα της λειτουργίας των περιβόλων του Διμηνιού.

Ο Γ. Χουρμουζιάδης του οποίου η θεωρητική κατάρτιση του επιτρέπει να είναι κύριος της διανοητικής του συμπεριφοράς, επιλέγει να απαντήσει στο ζήτημα της ερμηνείας των περιβόλων με μια «*συστηματική προσέγγιση των ευρημάτων*», γιατί, κατά τη γνώμη του, η «*μονόπλευρη εμπειρική προσέγγιση*» δεν επαρκεί (1979: 71). Θα προσπαθήσει να αποδείξει τον κοινωνικό και όχι τον πολεμικό χαρακτήρα, των περιβόλων. Ο χαρακτήρας τους αυτός καθορίζεται «*από τη θέση τους στο γενικό σύστημα της 'ενδοκοινοτικής χωροοργάνωσης'*» (σ. 83). Οι περίβολοι είναι «*βασικά στοιχεία παραγωγής*», αποτελούν μέρος των «*παραγωγικών δυνάμεων*» (σ. 93). Αλλά πριν μας εξηγήσει τη λειτουργία τους στην ενδοκοινοτική χωροοργάνωση, θεωρούμενη ως μια από της αντικειμενοποιήσεις της οικονομίας και των σχέσεων παραγωγής ενός παραδειγματικού κοινωνικού συστήματος που αναπτύχθηκε από την κοινότητα του Διμηνιού προς το τέλος της 4^{ης} χιλιετίας (σ. 111), θα προσπαθήσει να τους απογυμνώσει από τις ιδιότητες εκείνες που θα μπορούσαν να δικαιολογήσουν την αμυντική τους φύση: της εισβολής και της λεηλασίας. Θα ξαναβρούμε ακόμα μια φορά εδώ την πολύ προσφιλή στους προϊστοριολόγους ιδέα της ανυπαρξίας του πολέμου, με την ουσιαστική έννοια της λέξης, στη νεολιθική εποχή. Η συλλογιστική που παράγει την ιδέα αυτή είναι αρκετά αδύναμη και κατά μια έννοια αρκετά αφελής, πράγμα που δεν την εμποδίζει να εμφανίζεται από καιρό σε καιρό στην προϊστορική φιλολογία. Κατ' αυτήν, στη νεολιθική εποχή δεν είχαν δημιουργηθεί «*οι ιστορικές εκείνες συνθήκες που θα οδηγούσαν μια ομάδα νεολιθικών γεωργοκτηνοτρόφων ενάντια σε μια άλλη με σκοπό την άλωση ή τη λεηλασία και την καταστροφή... Ο τρόπος παραγωγής που ασκούσαν οι νεολιθικοί παραγωγοί δεν είχε οδηγήσει στη θεμελίωση και επιβολή τέτοιων παραγωγικών σχέσεων, που θα ευνοούσαν την ειδίκευση, την εκμετάλλευση των μέσων παραγωγής και των αντικειμένων της εργασίας από μερικές μονάχα ομάδες του οικισμού, σε τελευταία ανάλυση, δηλαδή την ταξική διαίρεση των νεολιθικών κοινωνικών σχηματισμών και τέλος στην άνιση συσσώρευση των υλικών αγαθών*» (σ. 66-67). Ο Χ. πιστεύει, ότι στο Διμήνι υπάρχει ίση κατανομή των υλικών αγαθών «*Αυτό βγαίνει ως συμπέρασμα από τη συστηματική έρευνα του Νε. Δ., όπου τα ευρήματα (κεραμεικά, υπολείμματα καρπών, εργαλεία, κοσμήματα, βοηθητικές κατασκευές κλπ.) βρίσκονται σε όλα τα σημεία του οικισμού*» (σ. 67).

Βέβαια, η οικονομική προσέγγιση επιτρέπει, μέσω των υλικών ερειπίων, να εξακριβώσουμε ορισμένες όψεις της κοινωνικής δομής, εξακρίβωση που γίνεται αδύνατη όταν πλησιάζουμε τους τομείς της ιδεολογίας ή της θρησκείας, λόγω του συμβολικού περιεχομένου των δομών τους (βλ. σημείωση 12). Εν τούτοις, ακόμα και στον οικονομικό τομέα δεν μπορούμε να πάμε πολύ μακριά βασιζόμενοι μόνο στα υλικά γεγονότα. Αν και είναι λοιπόν δυνατό να διακρίνουμε από αυτά τα γεγονότα μια κοινωνία με ισότιμη διανομή των αγαθών, όμως τίποτα δε μας επιτρέπει να πούμε ότι αυτός ο κοινωνικός θεσμός καταργεί κάθε είδους εχθροπραξία. Ο A. Gallay ακολουθώντας τον M. Sahlins (1980 κριτική της κοινωνιοβιολογίας) επιμένει στο γεγονός, «*ότι δεν υπάρχει σχέση μεταξύ των πολιτισμικών χαρακτηριστικών μιας πράξης, ενός θεσμού ή μιας πίστης και των λόγων που τα άτομα μπορούν να έχουν για να συμμετέχουν σε αυτές. Οι λόγοι που οδηγούν τους ανθρώπους να συγκρούονται δεν είναι αυτοί που φέρνουν τους πολέμους, γιατί οι κοινωνικοί θεσμοί δεν είναι η άμεση αντανάκλαση διαθέσεων όπως η επιθετικότητα, η σεξουαλικότητα, ή ο αλτρουισμός*» (Gallay, 1986: 188). Και αν υπάρχουν ακόμα κοινωνικές δομές, όπως η ίση μοιρασιά των υλικών αγαθών, που δεν αφήνουν καμιά ελπίδα στην ανθρώπινη επιθετικότητα να εκδηλωθεί, υπάρχουν άλλες που έχουν κατασκευαστεί ακριβώς πάνω σε αυτή την επιθετικότητα, όπως είναι η αρπαγή των γυναικών ή η εκδίκηση. Ο Χ. αφού απέκλεισε την πράξη της λεηλασίας στους νεολιθικούς της Θεσσαλίας, θα κάνει το ίδιο με τις διαθέσεις τους για επιδρομή και κατάκτηση. Θεωρεί, ότι μια νεολιθική κοινότητα της νοτιοδυτικής Θεσσαλίας δεν είχε ανάγκη να κατακτήσει μιαν άλλη, να εγκατασταθεί εκεί και να συνεχίσει τη ζωή της εκμεταλλευόμενη τις νέες της κατακτήσεις, φυσικό πλούτο και υλικές δομές, γιατί όλες οι κοινότητες αυτής της θεσσαλικής περιοχής βρίσκονται σε ένα προνομιούχο οικοσύστημα. Αυτό το οικοσύστημα προσφέρει επαρκή μέσα επιβίωσης, που επέτρεπαν σε όλους τους κατοίκους του να έχουν μια πλήρη αυτάρκεια. Δεν υπήρχε, επομένως, κανένας λόγος που θα ανάγκαζε μια κοινότητα να εισβάλλει σε μιαν άλλη. Δεν υπήρχε, επίσης, κανένας λόγος για μεταναστευτικές κινήσεις. Και ο συγγραφέας μας πιστεύει, ότι αυτή η κατάσταση αυτάρκειας διατηρήθηκε στον πληθυσμό της περιοχής, μέχρι την άφιξη της μηχανοποιημένης καλλιέργειας και την ανάπτυξη βιομηχανικών κέντρων απασχόλησης του δυναμικού της περιοχής.

Οι περίβολοι του Διμηνιού αφού απογυμνωθούν από τα πολεμικά τους στοιχεία, χάνουν τον οχυρωματικό τους χαρακτήρα. Στις επισκευές των περιβόλων στις οποίες ο Τ. έβλεπε μια βιαστική και άτεχνη εργασία γιατί πραγματοποιούνταν γρήγορα κάτω από την πίεση της αγωνίας μιας επιδρομής, ο Χ. βλέπει μια αλλαγή ύστερα από μια απόφαση που πήραν οι κάτοικοι της κοινότητας για μια νέα ενδοκοινοτική χωροοργάνωση (σ. 70-73). Το πάχος των περιβόλων που ποικίλει μεταξύ 0,60 και 1.50 μ. για τον Χ. είναι μια αποκαλυπτική ένδειξη του μη οχυρωματικού τους χαρακτήρα, γιατί έχοντας υπόψη την πολιορκητική τεχνολογία της εποχής, η τοιχοποιία του 1.50 μ. είναι αδιανόητη, άχρηστη και μη παραγωγική. Ομοίως, αν οι περίβολοι ήταν οχυρωματικοί, ο τρόπος της διάταξής τους (κτισμένοι ο ένας κοντά στον άλλο και σε πολλά σημεία εφάπτονται) βοηθούσαν μάλλον παρά δυσκόλευαν τον εισβολέα (εικ. 6). Και ο Χ. συμπεραίνει, ότι οι περίβολοι είναι αρχιτεκτονικά στοιχεία με παραγωγικό χαρακτήρα. Στην αντίθετη περίπτωση, θα έπρεπε να αποτελούν μέρος του ιδεολογικού τομέα και τότε ενδεχομένως θα μπορούσαν να είναι οχυρώσεις: για να προστατεύσουν μια κάποια κοινωνική τάξη ή έναν άρχοντα. Είναι επομένως οι περίβολοι, όπως ήδη αναφέραμε, *«βασικά στοιχεία παραγωγής... επεμβαίνουν στη διαδικασία της παραγωγής»* (σ. 93), έχουν ένα χαρακτήρα κοινωνικό. Ποια είναι λοιπόν η ειδική τους λειτουργία; α) *«Καθορίζουν τους χώρους, μέσα στους οποίους θα εγκατασταθούν αρχικά και θα δραστηριοποιηθούν παραγωγικά στη συνέχεια τα 'νοικοκυριά' του οικισμού... β) Λειτουργούν ως βασικά στοιχεία αρχιτεκτονικής πρακτικής, γιατί διευκολύνουν την οικοδόμηση των σπιτιών: όλα τα σπίτια επωφελούνται των περιβόλων για να αποκτήσουν ένα γερό τοίχο. γ) Σε ορισμένα σημεία της περιφέρειάς τους βοηθούν άμεσα στην προώθηση της παραγωγικής δραστηριότητας»* (σ. 92-93). Οι περίβολοι του Διμηνιού έχουν λοιπόν μια ειδική λειτουργία στο γενικό σύστημα της ενδοκοινοτικής χωροοργάνωσης. Αλλά ποιο είναι αυτό το σύστημα και πώς οι κάτοικοι του Διμηνιού κατάφεραν να το αποκτήσουν; Ο Χ. πιστεύει, *«ότι η παραγωγική προσπάθεια στο Νε. Δ. δεν ήταν στους βασικούς της τομείς κοινωνικά καταμερισμένη»*, δηλαδή δεν υπήρχαν *«επί μέρους παραγωγικές δραστηριότητες, που θα μπορούσαν να είχαν ως συνέπεια τον έλεγχο των μέσων παραγωγής από μια ομάδα του οικισμού εις βάρος των άλλων».* (σ. 112). Οπωσδήποτε όμως ήταν δυνατό, κατά τον Χ., με βάση την ατομική σωματική ή πνευματική ικανότητα των κατοίκων να αναπτυχθούν ορισμένες δευτερογενείς παραγωγικές δραστηριότητες: βελτίωση της στέγασης, νέοι τρόποι αποθήκευσης, ψησίματος τροφής, κατασκευής εργαλείων, καλλιτεχνικές απασχολήσεις. Αυτές οι λίγο περιθωριακές και μη κοινωνικοποιημένες δραστηριότητες, που είναι υπεύθυνες για ένα πλήθος μικρών 'ανακαλύψεων', σχηματίζουν μαζί με τις δημιουργημένες παραγωγικές σχέσεις, την τελική διατύπωση του κοινωνικού συστήματος. *«Για να αναπτυχθούν όμως οι μικρές αυτές δραστηριότητες, πρέπει προηγουμένως να αναπτυχθούν και να πραγματοποιηθούν οι σχετικοί τρόποι αντιμετώπισης μιας τέτοιας επί μέρους παραγωγικής συμπεριφοράς.»* (σ. 113).

Η υπόθεση αυτή βγαίνει από την ακόλουθη ανάλυση: Ας τη συνοψίσουμε. Από τη στιγμή που οι κάτοικοι του Διμηνιού έφτασαν το μέγιστο της εκμετάλλευσης των παραγωγικών τους πηγών, συνειδητοποιούν ότι η αύξηση της παραγωγής τους είχε ως αποτέλεσμα την εμφάνιση διατροφικού περισσεύματος, την αύξηση του ελεύθερου χρόνου και την αύξηση του πληθυσμού. Όλα αυτά τα φαινόμενα μπορούσαν να διαταράξουν και να ανατρέψουν τα δύο βασικά συστήματα της νεολιθικής κοινωνίας: αυτό των παραγωγικών δυνάμεων και εκείνο των παραγωγικών σχέσεων. Η ανατροπή του πρώτου θα σήμαινε την εξάντληση της καλλιεργητικής απόδοσης, των καρπών, την εξαφάνιση των ζώων και την αποψίλωση των δασών. Η κατάρρευση του δευτέρου θα προκαλούσε τάσεις σχισματικές και ηγεμονικές σε ορισμένες ομάδες του κοινωνικού σώματος. Αυτές οι τάσεις θα μπορούν να πραγματοποιηθούν, αν αυτές οι ομάδες καταφέρουν να εκμεταλλευτούν για λογαριασμό τους τις διατροφικές πηγές ή τις προνομιακές εγκαταστάσεις μέσα στον οικισμό. Μπροστά σε αυτούς τους κινδύνους, η κοινότητα οφείλει να πάρει αποτελεσματικά μέτρα αναδιοργανώνοντας τον ενδοκοινωτικό χώρο. Δηλαδή ύστερα από μια συλλογική απόφαση καθορίζονται οι θέσεις, όπου μια ομάδα θα μπορούσε να αναπτυχθεί ως ανεξάρτητη παραγωγική δύναμη στον τομέα των επί μέρους παραγωγικών δραστηριοτήτων. (σ. 115). Οι περίβολοι χρησίμευαν επομένως ως οροθέτες αυτών των θέσεων. Έτσι στη σκέψη του Χ. το Διμήνι *«ήταν ένας τέλεια οργανωμένος αγροτικός οικισμός, όπου κατά το τέλος της 4^{ης} π. Χ. χιλιετίας είχε αναπτυχθεί ένα υποδειγματικό κοινωνικό σύστημα.»* (σ. 111).

Αν στις προθέσεις του Χ. ήταν να προτείνει μια κοινωνική οργάνωση που δεν αφήνει καμιά θέση στην ανάδειξη μιας κεντρικής δεσποτικής εξουσίας, τότε η οργάνωση που μας προτείνει σχετικά με το Διμήνι, με τις ανεξάρτητες και απομονωμένες από χοντρούς τοίχους παραγωγικές μονάδες του, δε θα μπορούσε στην πραγματικότητα να είναι παρά το έργο μιας σιδηράς και τυραννικής εξουσίας. Ένα τέτοιο κοινωνικό σύστημα δε θα μπορούσε να υπάρχει παρά μόνο κάτω από το βάρος μιας τέτοιας αρχής. Γιατί αν ένα σύστημα είναι ένα σύνολο στοιχείων (τα στοιχεία εδώ είναι οι ανεξάρτητες και απομονωμένες παραγωγικές μονάδες) υποκείμενα στην αλλαγή και ασύμμετρα σε δυναμική αλληλοαντίδραση, διατηρώντας έτσι την οργάνωσή του (negentropie) εναντίον του εκφυλισμού (εντροπία), το κοινωνικό σύστημα του Διμηνιού, με τα ισορροπημένα και ομοιόμορφα στοιχεία του, είναι ήδη γεμάτο από ε- ντροπία, ανίκανο επομένως να λειτουργήσει από μόνο του.

Όπως και να έχουν τα πράγματα, ένα είναι βέβαιο, ότι το Διμήνι δε γνώρισε ποτέ αυτό το σύστημα, γιατί πολύ απλά οι εξ ή επτά περίβολοί του δε συνυπήρξαν ποτέ και οι θέσεις των οικοτεχνικών δραστηριοτήτων παραμένουν μια ευφυής αλλά φανταστική σύλληψη.

VI. Ο ΠΟΛΕΜΟΣ

Έχουμε ήδη επισημάνει στο προηγούμενο κεφάλαιο, *ότι οι λόγοι που οδηγούν τους ανθρώπους να συγκρούονται δεν είναι αυτοί που φέρνουν τους πολέμους, γιατί οι κοινωνικοί θεσμοί δεν είναι η άμεση αντανάκλαση διαθέσεων όπως η επιθετικότητα, η σεξουαλικότητα ή ο αλτρουισμός.* Σύμφωνα με αυτή τη διαβεβαίωση, ο πόλεμος, στην πραγματική του έννοια, πρέπει να θεωρείται ως μια δραστηριότητα αυστηρά κοινωνιολογικής τάξης. Αντίθετα, η ανθρώπινη επιθετικότητα ενδεχομένως δεν ανήκει στις κοινωνικές δομές. Πράγματι, τίποτα δεν αποδεικνύει, ότι η ανθρώπινη βία, πιθανότατα φυσική, αποτελεί μια τέτοια δομή ορίζεται μάλλον ως μια συμπεριφορά (Langaney 1984) και, ως τέτοια, μπορεί να ελέγχεται από τους κοινωνικούς θεσμούς[14].

Ο θεσμικός αλλά και παγκόσμιος χαρακτήρας της πολεμικής δραστηριότητας μαρτυρεί, ότι υπάρχει από την εμφάνιση των πρώτων κοινωνιών και ότι όφειλε πάντα να εκδηλώνεται μέσα στο χώρο και στο χρόνο με διάφορες μορφές ακολουθώντας την πολιτισμική πολυμορφία και την ανάπτυξη των τεχνικών μέσων που τίθενται εκάστοτε στην υπηρεσία της. Το ερώτημα να μάθουμε πότε και γιατί αρχίζει ο πόλεμος στην πρωτόγονη κοινωνία, δεν μπορεί να λάβει παρά αρνητικές απαντήσεις, γιατί η εξήγησή του από τη μια ή την άλλη αιτία (βιολογική, οικονομική...) του αφαιρεί είτε τη θεσμική του φυσιογνωμία, είτε εκείνη της παγκοσμιότητάς του. Από την άλλη μεριά δεν έχει κανένα νόημα να πούμε, όπως ο Courtin (1994), *ότι το αληθινό πρόσωπο του πολέμου εμφανίζεται τη στιγμή της εισαγωγής πολύ αποτελεσματικών μέσων, όπως είναι τα όπλα από μέταλλο.* Γιατί το αληθινό του πρόσωπο δεν καθορίζεται από την ποσότητα ή την ποιότητα της πολεμικής τεχνολογικής εξέλιξης. Όμως η τεχνολογία αυτή μας βοηθά να φανταστούμε τους τρόπους της σύγκρουσης και να αναπαραστήσουμε ορισμένες οικονομικές και κοινωνικές δομές. Και αν τα μεταλλικά επιθετικά και αμυντικά όπλα υποβάλλουν τεχνικό-οικονομικές μάλλον μεταβολές και εξελίξεις, οι οχυρωματικές εργασίες προτείνουν κατά προτίμηση κοινωνικό-οικονομικές αλλαγές.

---

14. Πρόκειται για μια συμπεριφορά τόσο παλιά όσο και ο άνθρωπος, αν πιστέψουμε την μιμητική υπόθεση σύμφωνα με την οποία οι άνθρωποι μιμούνται στις επιθυμίες τους. Επιθυμούμε αυτό που επιθυμεί ο άλλος, είναι η μίμηση της ιδιοποίησης. Αυτή η μίμηση καταλήγει αναγκαστικά, κατά την υπόθεση, στη σύγκρουση και στη βία. (Girard 1982).

Αν θέλουμε επομένως να αποφανθούμε πάνω στην αμυντική λειτουργία των περιβόλων της νεότερης νεολιθικής, θα πρέπει πρώτα να επιχειρήσουμε να φανερώσουμε τις οικονομικές και κοινωνικές αλλαγές, οι οποίες θα μπορούσαν να δικαιολογήσουν αυτή τη λειτουργία σε αυτήν την περίοδο.

VI.1. Η πολεμολογία

Η συζήτηση για τις αιτίες της εμφάνισης του πολέμου είναι πολύ παλιά. Στην αρχαιότητα ο Δικαίαρχος συγκαταλέγεται μεταξύ αυτών, που υποστήριζαν ότι στις πρώτες απλές κοινωνίες τροφοσυλλεκτών ο πόλεμος δεν υπήρχε και ότι εμφανίστηκε αργότερα στις περισσότερο πολύπλοκες κοινωνίες των νομάδων[15] και στη συνέχεια γεωργών, ο τρόπος παραγωγής των οποίων επιτρέπει την κατοχή πλεονάσματος. Αυτή η αρχαία θέση υιοθετήθηκε αφελώς από τη σύγχρονη ανθρωπολογία, μόνο που οι ανθρωπολόγοι και οι προϊστοριολόγοι που συντάσσονται πίσω από τον Δικαίαρχο δε συμφωνούν πάντα για τη στιγμή της εμφάνισης των πλεονασματικών αγαθών. Για άλλους, που αποτελούν και τη μεγάλη πλειοψηφία και είδαμε ήδη δύο παραδείγματα στο προη-

---

15. Ο E. S. Higgs (1976, Les origines de la domestication. LA RECHERCHE, N. 66: 208-315), εμπνεόμενος από τις ιδέες του F. E. Zeuner (1963. A history of domesticated animals. Hutchinson. London), ο οποίος έβλεπε στο φαινόμενο της εξημέρωσης των ζώων μια μάλλον φυσική διαδικασία της συμβίωσης μεταξύ του ανθρώπου και του ζώου, παρά μια ανακάλυψη σε ένα δεδομένο χρόνο και τόπο, ανέπτυξε μια θεωρία η οποία έδινε σε αυτό το φαινόμενο μια διάσταση πολυγενετικής και διαχρονικής φύσης. Έτσι, σύμφωνα με τον Higgs, η εξημέρωση των ζώων δεν εμφανίζεται αποκλειστικά στη Μέση Ανατολή μεταξύ 9.000 και 5.000 π.Χ., αλλά λίγο πολύ παντού στην υδρόγειο και κυρίως στο βόρειο ημισφαίριό της και σε στιγμές διαφορετικές, ακολουθώντας μια εξελικτική διαδικασία της οποίας η αρχή ανάγεται στην παλαιολιθική και η οποία δεν έχει ακόμα ολοκληρωθεί. «Η σημείωση της συνέχισης μιας εξελικτικής διαδικασίας, παρατηρεί ο J. Cauvin 1978: 67, δεν αποκλείει ότι πρέπει να είμαστε προσεκτικοί σε ορισμένα κατώφλια και στην αμείωτη καινοτομία που παρουσιάζουν. Παραγωγή της τροφής και εξημέρωση των ζώων χαρακτηρίζουν επακριβώς ένα από αυτά τα κατώφλια, τα οποία πρέπει να τα ορίσουμε σωστά πριν αναζητήσουμε αυτό που τα προετοίμασε η τα προανήγγειλε» Περιμένοντας, λοιπόν, ένα σωστό ορισμό του κατωφλιού της εξημέρωσης των ζώων, η προαναγγελία του Higgs εμψυχώνει κατά κάποιο τρόπο το νομαδικό στάδιο του Δικαίαρχου.

γούμενο κεφάλαιο, το φαινόμενο της συσσώρευσης του πλούτου εκδηλώνεται προς το τέλος της νεολιθικής, προεκτείνοντας έτσι αυτήν την καταπληκτική «ειρηνική περίοδο» μέχρι το τέλος της εποχής αυτής. Για μερικούς άλλους, φαίνεται ότι ο Δικαίαρχος είχε σχεδόν από κάθε άποψη δίκιο, αφού πιστεύουν ότι το διατροφικό πλεόνασμα εμφανίζεται για πρώτη φορά στην προγεωργική ανθρωπότητα, στους τροφοσυλλέκτες-κυνηγούς- νομάδες μόνιμα εγκατεστημένους, δηλαδή στη μεσολιθική εποχή.

Είναι λοιπόν η συσσώρευση του πλούτου και οι κοινωνικό-οικονομικές ανισότητες που απορρέουν, που προετοίμασαν στην ανθρώπινη κοινωνία το έδαφος πάνω στο οποίο θα παιχθεί το παιγνίδι του πολέμου. Από αυτή την «πρωτόγονη συσσώρευση», κατά τον Marx, ή την «previous accumulation», κατά τον Adam Smith, ο πόλεμος βρίσκει τους «πραγματικούς του λόγους, γιατί ο σκοπός είναι να κυριευθούν λάφυρα και να συλληφθούν σκλάβοι...Ο πόλεμος, σε μια ταξική κοινωνία, εμβαθύνει τις ανισότητες και συγχρόνως αποτελεί την αιτία της ακραίας ανισότητας, της δουλείας» (Testart 1982: 56-67). Προηγουμένως η πολεμική δραστηριότητα περιορίζονταν σε απλές επιδρομές ή σε αψιμαχίες. Αρκεί, λοιπόν, να συμφωνήσουμε για τη στιγμή της εμφάνισης της συσσώρευσης του πλούτου για να σταθεροποιηθεί η χρονολογία της εισαγωγής στην κοινωνική εξέλιξη του φαινομένου του πολέμου με την ουσιαστική έννοια της λέξης. Όμως η προσέγγιση αυτή διεγείρει μια σοβαρή αντίρρηση. Προσπαθούμε δηλαδή να εξηγήσουμε την προέλευση του πολέμου κινητοποιώντας ένα παράγοντα-αιτία ο οποίος, στην πραγματικότητα, αποτελεί ένα από τα κυριότερα αποτελέσματά του: ο σφετερισμός των αγαθών του άλλου και η συσσώρευσή τους. Στην πραγματική ιστορία, σύμφωνα με τον Marx, είναι ο πόλεμος μάλλον, δηλαδή η κατάκτηση, η υποδούλωση, η αρπαγή με οπλισμένο χέρι, η κυριαρχία της ωμής βίας, που έπαιξαν το μεγάλο ρόλο στην εμφάνιση της συσσώρευσης του πλούτου, παρά το αντίθετο.

Ο σωστός δρόμος που πρέπει να ακολουθηθεί για να αποφευχθεί, κατά τα φαινόμενα, αυτή η μεθοδολογική και ιστορική πλάνη, είναι να αναζητηθεί η προέλευση της συσσώρευσης του πλούτου στην έννοια της εναποθήκευσης της τροφής. Αυτό επιχείρησε να κάνει ο A. Testart (1982) στη μελέτη του για τους κυνηγούς- τροφοσυλλέκτες μόνιμα εγκατεστημένους η επιβίωση των οποίων εξαρτάται από την εναποθήκευση των διατροφικών αγαθών. Θεώρησε την εναποθήκευση αυτή ως τη πιο πρωτόγονη μορφή συσσώρευσης πλούτου, πράγμα που του επέτρεψε να κατασκευάσει μια ολόκληρη θεωρία σχετικά με τη προέλευση των κοινωνικών ανισοτήτων. Η θεωρία αυτή απέχει πολύ από το να κατέχει αδιάσειστα θεμέλια, γιατί εκτός του γεγονότος ότι η εναποθήκευση αυτή στους κυνηγούς τροφοσυλλέκτες παραπέμπει σε απομονωμένες ανθρώπινες ομάδες, που ζουν σε ειδικά περιβάλλοντα, τα οποία προσφέρουν εποχιακά διατροφικά αγαθά, δηλαδή σε εξαιρετικές κοινωνίες, αποκλεισμένες από την διαδικασία της προοδευτικής εξέλιξης της ανθρωπότητας, το γεγονός της εναποθήκευσης της τροφής δεν σημαίνει αναγκαστικά συσσώρευση πλούτου. Έχουμε, κατ' αρχήν, εδώ δύο διαφορετικές δραστηριότητες, η πρώτη αναφέρεται στην αποταμίευση αναγκαίων αγαθών, η δεύτερη στο θησαυρισμό περιττών αγαθών· η μια είναι παραγωγική, η άλλη ληστρική. Αν αρνηθούμε να δούμε την ουσιαστική διαφορά που υπάρχει μεταξύ των δύο αυτών δραστηριοτήτων, τίποτα δεν μπορεί στη συνέχεια να μας εμποδίσει να θεωρήσουμε τις προϊστορικές ανθρώπινες ομάδες και κυρίως νεολιθικές, των οποίων το περιβάλλον δίνει μόνο εποχιακή τροφή, δηλαδή τις κοινότητες εκείνες των κυνηγών- τροφοσυλλεκτών μόνιμα εγκατεστημένων αναγκασμένες να εναποθηκεύουν την τροφή τους για να αντιμετωπίσουν τις διατροφικές τους ανάγκες σε όλη τη διάρκεια του έτους, ως κοινωνίες προορισμένες να αναπτύξουν τη συσσώρευση του πλούτου κατά τρόπο ιδιωτικό και ατομικό, γεγονός που είχε ως αποτέλεσμα την εμφάνιση των οικονομικών ανισοτήτων και της κοινωνικής διαφοροποίησης. Και, αντίθετα, να θεωρήσουμε ορισμένες σύγχρονες μόνιμα εγκατεστημένες κοινότητες ψαράδων-κυνηγών- τροφοσυλλεκτών, απομονωμένες σε οικοσυστήματα δυσμενή για την ανάπτυξη της γεωργίας και αναγκασμένες να ζούνε ουσιαστικά από την εποχιακή αλιεία και συνεπώς από την εναποθήκευση, των οποίων η κοινωνική, οικονομική και πολιτική άνιση δομή οφείλεται σε αυτό το τέχνο-οικονομικό σύστημα της εναποθήκευσης της τροφή, αφού βρίσκονται κάτω από την κυριαρχία ενός αρχηγού, συχνά ιδιοκτήτη των αλιευτικών χώρων, ή μιας τάξης ευγενών οι οποίοι σφετερίζονται και συσσωρεύουν για λογαριασμό τους το εναποθηκευμένο προϊόν των υποταγμένων παραγωγών, ως επιβιώσεις των προνεολιθικών κυνηγών-τροφοσυλλεκτών.

Στα μάτια του Testart, η εναποθήκευση στους προγεωργικούς κυνηγούς- τροφοσυλλέκτες εμφανίζεται ως ένα επαναστατικό γεγονός, το οποίο οφείλει να διορθώσει την εικόνα, που έχουμε μέχρι σήμερα σκιαγραφήσει για να αναπαραστήσουμε τη διαδικασία της κοινωνικοοικονομικής εξέλιξης. Η νεολιθική επανάσταση δεν αποτελεί πια τον αποφασιστικό σταθμό προς τον «πολιτισμό», δεν είναι παρά το αποτέλεσμα μιας άλλης, πιο παλιάς και περισσότερο καθοριστικής, αυτής της εναποθήκευσης. Πριν από αυτήν δεν υπήρχαν παρά κυνηγοί-τροφοσυλλέκτες- νομάδες κοινωνικά ίσοι και ειρηνικοί. Μετά από αυτήν οι κυνηγοί εγκαθίστανται μόνιμα και υποκύπτουν αυτόματα στη μεγάλη οικονομική «αμαρτία». «Η κοινωνία», έγραψε ο Marx, με μια υπερβολική δόση κοροϊδευτικής ειρωνείας γελοιοποιώντας την εξήγηση της πρωτόγονης συσσώρευσης πλούτου των οικονομιστών, «διαιρείτο σε δύο στρατόπεδα: από εδώ οι εκλεκτοί, οι εργατικοί, οι ευφυείς και κυρίως οι προικισμένοι με οικονομικές ικανότητες· από εκεί ο σωρός των κατεργάρηδων διασκεδάζοντας από το πρωί μέχρι το βράδυ και από το βράδυ μέχρι το πρωί. Συνακόλουθα ότι οι μεν συσσωρεύουν *θησαυρούς στους θησαυρούς ενώ οι δε θα βρεθούν σε λίγο στερημένοι των πάντων.»* (Κεφάλαιο I, XXVI). Φαίνεται, ότι σε αυτούς τους 'νεόπλουτους', εξαιτίας του συσσωρευμένου τους πλούτου και της πραγματικής στέρησης της μάζας των κατεργάρηδων, θα αναδυθούν από τα κατάβαθα της ψυχής τους συναισθήματα άγνωστα μέχρι τότε στο ανθρώπινο είδος: η αμετροέπεια και η αδικία, η επιθυμία κυριαρχίας και εκμετάλλευσης. Θα ανατρέψουν τότε την καθιδρυμένη πάνω σε μια ηθική αλληλεγγύης και μια ιδεολογία ισότητας κοινωνική τάξη, αναδομώντας την κοινωνία σύμφωνα με τα προσωπικά τους συμφέροντα. Θα επιβάλουν ένα σύστημα πολιτισμικών σχέσεων που θα περιλαμβάνει πολυσύνθετες έννοιες εξουσίας και υποταγής, ιεραρχίας και νομιμοποίησης της εξουσίας τους. Η πολιτική εξουσία θα βασίζεται τότε πάνω σε νομικές αρχές και πάνω στην φυσική καταπίεση. Η οργανωμένη βία, δηλαδή ο πόλεμος με την πραγματική του έννοια, θα κάνει τότε για πρώτη φορά την εμφάνισή της. Η ακόρεστη απληστία εμπλουτισμού των αρχόντων θα απαιτήσει μια ολοένα μεγαλύτερη παραγωγή προκαλώντας την δημογραφική αύξηση, αφού χρειάζονται συνέχεια περισσότερα εργατικά χέρια. Συνακόλουθα, η αύξηση του πληθυσμού θα ξεπεράσει γρήγορα τα όρια των διατροφικών πηγών που επιβάλλει ο τρόπος παραγωγής της τροφοσυλλογής (την carrying capacity του περιβάλλοντος). Οι αρχηγοί, ή άρχουσα τάξη, οφείλουν να βρουν πιο αποτελεσματικές λύσεις, που θα προσφέρουν ανεξάντλητες διατροφικές πηγές, των οποίων η παραγωγή θα εξαρτάται από την ανθρώπινη θέληση και όχι από τα προγράμματα της φύσης. Έτσι θα γεννηθεί η γεωργία. Ιδού οι βασικές θέσεις που υποστήριξε με σθένος ο Testart ακολουθώντας τη γραμμή σκέψης της «αμερικανίστικης» «Social Archaeology», η οποία προσπαθεί να βρει την παρουσία της κοινωνικής διαφοροποίησης ήδη στους μόνιμα εγκατεστημένους προνεολιθικούς, (μεσολιθική εποχή) και το ρόλο που έπαιξε η πολιτική εξουσία στην ανακάλυψη της γεωργίας (Bender 1978, Wright 1978, Price και Brown 1985).

Κατά τον Testart «*Η απόφαση εναποθήκευσης από μόνη της υπονοεί μια αλλαγή στην ιδεολογία. Αλλαγές στα έθιμα: εγκατάλειψη ή μεταμόρφωση του κανόνα της μοιρασιάς. Αλλαγές στη συμπεριφορά απέναντι στους άλλους: υπολογίζουμε λιγότερο πάνω στις συγγενικές ή φιλικές σχέσεις για την εξασφάλιση του μέλλοντος...Αλλαγές στη στάση απέναντι στη φύση: υπολογίζουμε λιγότερο σε αυτή τη μεγάλη προμηθεύτρια από όσο στο αποτέλεσμα της ανθρώπινης εργασίας*» (1982: 42).

Δεν πρέπει να μας εκπλήσσει η ελαφρότητα αυτών των λόγων, γιατί το *γενεσιουργό σχήμα* του Stozckowski που από καιρό σε καιρό παράγει στην αυθόρμητη ή στη λελογισμένη θεωρητικολογία μας διαφορετικές θεωρήσεις της προϊστορίας, φαίνεται ότι βρίσκεται πάντα σε λειτουργία (Λιανέρης 1979: 67-68). Με μια μόνο διαφορά: στην περίπτωση του Testart το τροποποιητικό όργανο που εναλλάσσει τη λίστα των «εδεμικών» ιδιοτήτων και τις αντίθετές του σύμφωνα με τις δυαδικές αντιθέσεις, δεν είναι πια η ανακάλυψη της γεωργίας αλλά η ανακάλυψη της εναποθήκευσης από τους κυνηγούς-τροφοσυλλέκτες μόνιμα εγκατεστη-μένους. Ο μύθος της χρυσής εποχής οφείλει να διορθωθεί. Η εποχή της *ευτυχίας κατά τη διάρκεια της οποίας η εύφορη γη πρόσφερε αυθόρμητα άφθονους καρπούς* και οι άνθρωποι ζούσαν χωρίς κόπους και πόνους μέσα στην αμοιβαία φιλία και την ειρήνη, αγνοώντας τον πόλεμο και τις κοινωνικές ανισότητες, εκπνέει τη στιγμή που αποφασίζουν να εγκαταλείψουν το νομαδικό βίο, να εγκατασταθούν μόνιμα και να αρχίσουν να εναποθηκεύουν την τροφή τους.

Αλλά ο μύθος της χρυσής εποχής μπορεί να αντιστραφεί, ο Stoz-ckowsky μας εξήγησε τον μηχανισμό, σε εποχή δυστυχίας, όπου η ζωή είναι άθλια και δυστυχής. Οι ορδές των πρωτόγονων κυνηγών μόλις καταφέρνουν να επιβιώσουν. Η γη δεν πρόσφερε μια άφθονη τροφή και η απόκτησή της απαιτούσε λυσσώδεις προσπάθειες, λόγω της αναποτελεσματικής τους τεχνολογίας· δεν υπήρχαν αρκετά για όλο τον κόσμο. Η σπάνις των διαθέσιμων υλικών αγαθών ανάγκαζε τις ομάδες των κυνηγών σε ένα άγριο ανταγωνισμό. Ο αγώνας για την επιβίωση, δηλαδή η ένοπλη σύρραξη ήταν καθημερινό φαινόμενο. Για τον P. Clastres (1977), ο οποίος αγνοούσε το παιγνίδι της μεταμόρφωσης της μυθολογικής διήγησης, η παραπάνω εξήγηση του πολέμου είναι αυτή του *οικονομίστικου λόγου* που διατυπώθηκε το 19ο αιώνα, όταν δικαίως ή αδίκως υποχώρησε η πίστη, ότι η πρωτόγονη ζωή ήταν μια ευτυχισμένη ζωή. Αλλά πρόκειται για ένα ασήμαντο λόγο δεδομένου ότι η πρωτόγονη κοινωνία, επιλεκτική στον καθορισμό των αναγκών της, διαθέτει μια παραγωγική μηχανή ικανή να ικανοποιήσει όλες της τις ανάγκες: στην πραγματικότητα υπήρξε η πρώτη κοινωνία της αφθονίας. *«Ο οικονομίστικος λόγος στις διάφορες μορφές του, λαϊκή, επιστημονική, μαρξιστική εξηγεί τον πόλεμο με τον ανταγωνισμό των ομάδων στη προσπάθειά τους να ιδιοποιηθούν τα σπάνια αγαθά...Αλλά πέραν τούτου, οι σύγχρονες έρευνες δείχνουν ότι η πρωτόγονη οικονομία είναι αντιθέτως μια οικονομία της αφθονίας και όχι της έλλειψης... και η οικονομίστικη εξήγηση του πρωτόγονου πολέμου καταρρέει.»* (Clastres 1977: 148). Αν και ο οικονομίστικος λόγος υπήρξε η έκφραση μιας γενικής πεποίθησης, μια αόριστη βεβαιότητα της κοινής γνώμης, δηλαδή μια ανθρωπολογική φαντασίωση με έντονα μυθολογικά χρώματα, η θεωρία της αφθονίας βασίζεται, αντίθετα, πάνω σε μεθοδικές και αποδεικτικές εθνολογικές παρατηρήσεις και αναλύσεις. Εν τούτοις, η έννοια της αφθονίας, παρά τις ορθολογικές της βάσεις, μπορεί εύκολα να θεωρηθεί ως μια απλή περιγραφή που ανταποκρίνεται στην θεώρηση της χρυσής εποχής (Λιανέρης 1997). Αλλά ας βγούμε από το φαύλο κύκλο της μεταμόρφωσης του ησιοδικού μύθου, ο οποίος σε ορισμένες περιπτώσεις ξεσκεπάζει την αφέλεια του ανθρωπολογικού λόγου και σε άλλες αποκαλύπτεται αφελής αυτός ο ίδιος και ας αναζητήσουμε την καταγωγή του πολέμου σε πιο βατά μονοπάτια

Για τον Clastres, ο οποίος μελέτησε διεξοδικά το ζήτημα της βίας στις πρωτόγονες κοινωνίες, ο λόγος περί πόλεμου αναπτύσσεται σε τρεις κατευθύνσεις: *οικονομίστικος*, που μόλις είδαμε, *φυσιοκρατικός* και της *ανταλλαγής*.

Ο φυσιοκρατικός λόγος προτάθηκε από τον Léroi-Gourhan στο έργο του le *Geste et la Parole*, στο προτελευταίο κεφάλαιο του δευτέρου τόμου, οπού η βία χρεώνεται στην ανθρωπότητα ως ένα είδος, ως μια ζωολογική ιδιότητα του ανθρώπινου είδους. Υποστήριξε ότι η επιθετικότητα εμφανίζεται ως μια βασική τεχνική απόκτησης της τροφής και στον «πρωτόγονο» άνθρωπο ο αρχικός της ρόλος βρίσκεται στο κυνήγι, όπου η επιθετικότητα και η απόκτηση της τροφής συγχέονται. Ο πόλεμος συνδέεται επομένως με το κυνήγι, γιατί μεταξύ αυτών των δύο δραστηριοτήτων δημιουργείται προοδευτικά μια επιτήδεια αφομοίωση, στο μέτρο που η μια και η άλλη συγκεντρώνονται σε μια τάξη που γεννήθηκε από τη νέα οικονομία, αυτή των ένοπλων ανθρώπων. Αλλά, η ταύτιση του πολέμου με το κυνήγι δε θεμελιώνεται πουθενά. Πρόκειται για δύο ριζικά διαφορετικές δραστηριότητες, οι ηθολόγοι το επιβεβαιώνουν (Lorenz 1962), και αυτό που τις διακρίνει είναι ότι ο πόλεμος στηρίζεται στην επιθετικότητα, μια διάσταση άγνωστη στο κυνήγι. Δεν αρκεί επομένως το ίδιο βέλος να σκοτώσει έναν άνθρωπο και ένα πίθηκο για να ταυτίσουμε τον πόλεμο με το κυνήγι.

Ο λόγος της ανταλλαγής υποστηρίχθηκε από τον C. Lévi-Strauss (*Guerre et commerce chez les indiens de l'Amérique du Sud. Renaissance, Vol. I, New York 1943*), όπου ο πόλεμος αντιμετωπίζεται ως η ενδεχόμενη αποτυχία εμπορικών ανταλλαγών. «*Οι εμπορικές ανταλλαγές αντιπροσωπεύουν εν δυνάμει πολέμους ειρηνικά διευθετημένους, και οι πόλεμοι είναι η κατάληξη ατυχών ανταλλαγών*». Κατά τον Clastres αυτή η εξήγηση του πρωτόγονου πολέμου δε διαθέτει καμιά θετικότητα, και ο πόλεμος στερημένος θετικότητας, εξαιτίας της προτεραιότητας που αποδίδεται στην ανταλλαγή, χάνει κάθε θεσμική διάσταση: δεν ανήκει πια στο είναι της πρωτόγονης κοινωνίας, δεν είναι παρά μια συμπτωματική, τυχαία και μη ουσιώδης ιδιότητα. Η πρωτόγονη κοινωνία μπορεί να υπάρχει και χωρίς τον πόλεμο. Επί πλέον η λογική της ανταλλαγής δεν υπολογίζει την παγκοσμιότητα του πολεμικού φαινομένου όποιες και αν είναι οι υπό θεώρηση κοινωνίες, το φυσικό τους περιβάλλον ή ο τρόπος της κοινωνικοοικονομικής τους οργάνωσης.

Ο περί πολέμου λόγος, κατά τον Clastres, είναι μέρος του περί της κοινωνίας λόγου, προσδιορίζει τη σημασία του: η ιδέα του πολέμου καθορίζει την ιδέα της κοινωνίας. Για να καταλάβουμε επομένως τη λειτουργία του στην πρωτόγονη κοινωνία, θα πρέπει προηγουμένως να γνωρίζουμε τον τρόπο λειτουργίας αυτής της κοινωνίας. Η πρωτόγονη ομάδα, είτε πρόκειται για νομάδες κυνηγούς, είτε για μόνιμα εγκατεστημένους γεωργούς «*παρουσιάζει δύο βασικές κοινωνιολογικές ιδιότητες, υπό την έννοια ότι αγγίζουν το ίδιο της το είναι, αυτό το κοινωνικό είναι καθορίζει το λόγο ύπαρξης και την αρχή της κατανόησης του πολέμου. Η πρωτόγονη κοινωνία είναι συγχρόνως ολότητα και μονάδα. Ολότητα υπό την έννοια ότι είναι ένα ολοκληρωμένο, αυτόνομο και πλήρες σύνολο, που φροντίζει να προφυλάσσει αδιάκοπα την αυτονομία του. Μονάδα, υπό την έννοια ότι το ομοιογενές του είναι επιμένει στην άρνηση της κοινωνικής διαίρεσης, στον αποκλεισμό της ανισότητας, στην απαγόρευση της αλλοτρίωσης ...Από το ίδιο της το είναι η πρωτόγονη κοινωνία θέλει και αναζητά τη διασπορά, αυτή η επιθυμία κατακερματισμού ανήκει στο πρωτόγονο κοινωνικό είναι το οποίο καθιδρύεται ως τέτοιο μέσα και από την πραγματοποίηση αυτής της κοινωνιολογικής επιθυμίας... Ποια είναι, λοιπόν, η λειτουργία του πρωτόγονου πολέμου; Να εξασφαλίζει τη διατήρηση του κατακερματισμού, το κομμάτιασμα της ατομικότητας των ομάδων. Ο πρωτόγονος πόλεμος, είναι το έργο μιας φυγόκεντρης λογικής, μιας λογικής του διαχωρισμού, που εκφράζεται από καιρό σε καιρό, με την πολεμική σύρραξη. Ο πόλεμος χρησιμεύει στη διατήρηση της πολιτικής ανεξαρτησίας των κοινοτήτων. Όσο υπάρχει πόλεμος, υπάρχει αυτονομία. Ο πόλεμος είναι ο προνομιούχος τρόπος ύπαρξης της πρωτόγονης κοινωνίας στο μέτρο που καταμερίζεται σε ίσες, ελεύθερες και ανεξάρτητες κοινωνικοπολιτικές μονάδες*» (σ. 157-169).

Είναι λοιπόν η ίδια η φύση της πρωτόγονης κοινωνίας που καθορίζει την ύπαρξη και την έννοια του πολέμου. Δεν ανάγεται αυτός στη ζωολογική ιδιαιτερότητα της ανθρωπότητας, ούτε στον ζωτικό ανταγωνισμό των κοινοτήτων, ούτε σε μια διαρκεί κίνηση της ανταλλαγής προς την καταπολέμηση της βίας. Δεν εμφανίζεται σε ένα ορισμένο χρόνο και σε ένα ορισμένο χώρο ύστερα από μια μεγάλη επαναστατική αλλαγή στην κοινωνική ή οικονομική ζωή, όπως είναι η εναποθήκευση ή η συσσώρευση πλούτου. Εμφανίζεται ως μια θεμελιακή δομή της πρωτόγονης κοινωνίας, ως ένας τύπος θεσμού που διαχειρίζεται τις σχέσεις μεταξύ των κοινωνιών και όχι «*ως μια όψη, μεταξύ άλλων, των διαοικογενιακών ανταλλαγών, μια μορφή που παίρνει η συναλλαγή μεταξύ ανθρώπινων ομάδων, συνεργαζόμενες και συγχρόνως αντίθετες.*» όπως πιστεύει ο J.P. Vernant (1968: 10-11), κρατώντας για την νομική οργάνωση του κράτους την έννοια του πολέμου με την πραγματική έννοια της λέξης. Ο πόλεμος δικαιολογεί το όνομά του από τότε που υπάρχει. Τέλος, δεν περιορίζεται στη διάρκεια όλης της προϊστορίας, «*σε ταπεινές συγκρούσεις μέχρι την εμφάνιση των μεταλλικών όπλων τα οποία, μόνα τους, μπόρεσαν να δώσουν στον πόλεμο την πραγματική του διάσταση και το φοβερό του πρόσωπο*». (Courtin 1984: 458).

Για την προϊστορική αρχαιολογία και ιδίως για τη νεολιθική, της οποίας η πρόσβαση στους διάφορους θεσμούς των κοινωνιών που μελετά δεν μπορεί να γίνει παρά κατά τρόπο έμμεσο και τμηματικό, δια μέσου των υλικών ερειπίων των κοινωνιών αυτών, είναι πολύ πιο ωφέλιμο να προσπαθήσει να αποκαλύψει από τα υλικά υπολείμματα της πολεμικής πράξης, όχι την αυξανόμενη αποτελεσματικότητα που προσφέρουν τα ολοένα τελειοποιημένα όπλα, αλλά την πολιτισμική πράξη που αυτά τα όπλα θα μπορούσαν να καταμαρτυρήσουν.

VI.2. Ο αμυντικός πόλεμος.

Η εξέλιξη του *τεχνικού περιβάλλοντος* από το οποίο εξαρτάται η τελειοποίηση των όπλων δεν είναι παρά μια όψη της γενικής αλλαγής και εξέλιξης της κοινωνίας. Για παράδειγμα, τα πρώτα όπλα από χυμένο χαλκό μαρτυρούν την παρουσία τεχνιτών που κατέχουν ειδικές τεχνικές γνώσεις, τον έλεγχο, μεταξύ άλλων, υψηλών θερμοκρασιών, πάνω από 1000 βαθμούς και μια τέλεια γνώση των φαινομένων της οξείδωσης, την παρουσία επομένως ειδικών (Gallay-Lahouze 1976). Δηλαδή άτομα που συγκροτούν μια αυτόνομη μονάδα παραγωγής, ασκούντα μη τροφοδοτικές δραστηριότητες. Είναι προφανές, ότι από μόνη της η ύπαρξη ειδικών παραπέμπει σε ένα οικονομικό, κοινωνικό και πολιτικό περιβάλλον μη νεολιθικό.

Ύστερα από μια σιωπηρή συμφωνία μεταξύ προϊστοριολόγων και εθνολόγων αποφασίστηκε να χαρακτηρίζεται οικιακός ο νεολιθικός γεωργοκτηνοτροφικός τρόπος παραγωγής. Αυτός ο τρόπος παραγωγής, φαίνεται, ότι εξασφαλίζει την οικονομική αυτάρκεια της κοινότητας, επιτρέπει την αυτονομία των οικογενειακών πυρήνων και την ανεξαρτησία των ατόμων. Δεν υπάρχει κοινωνική διαίρεση της εργασίας παρά μόνο κατανομή των καθηκόντων βασισμένη πάνω στα φύλα. Κάθε άτομο κατέχει ποικίλες ικανότητες, όλοι οι άνδρες και όλες οι γυναίκες μπορούν να κάνουν όλες τις αντίστοιχες στο φύλο τους εργασίες. Ένας κόσμος ανεξάρτητος, αυτάρκης, χωρίς κεντρική εξουσία, χωρίς εκμετάλλευση, ίσος και αδιαίρετος, ιδού η επιβλητική εικόνα της νεολιθικής κοινωνίας. Είναι, αναμφίβολα, η άγνοια των πολιτικών και ιδεολογικών συστημάτων του νεολιθικού τρόπου παραγωγής και του πρωταγωνιστικού ρόλου που ενδεχομένως θα μπορούσαν να παίζουν στη σύσταση των σχέσεων παραγωγής τους, που υπερεκτιμά τις λειτουργίες τις οικονομικής βάσης. Εξαιτίας του γεγονότος αυτού η οικονομικοκοινωνική ανάλυση της νεολιθικής κοινωνίας είναι αναγκαστικά υλιστική. Σε αυτή την ανάλυση, τόσο απλή και αυθόρμητη όσο η κοινή λογική που χρησιμοποιεί, είναι η οικονομική βάση συγκροτούμενη από τις δυνάμεις και από τις σχέσεις παραγωγής, που καθορίζει συγχρόνως τα πολιτικά και ιδεολογικά συστήματα και τις διαστάσεις και τη δομή των μονάδων παραγωγής. Αυτή κατασκευάζει τη θεωρία του τρόπου παραγωγής (Terray 1969: 97). Η εφαρμογή της στις νεολιθικές μας υποθέσεις προβάλλει ένα διασκεδαστικό παράδοξο, γιατί από αρχαιολογικής πλευράς η πραγματικότητα και η υλιστικότητα της οικονομικής βάσης εξαντλούνται γρήγορα στις υλικές συνθήκες παραγωγής, ενώ οι σχέσεις παραγωγής μας διαφεύγουν τελείως. Ορίζουμε λοιπόν ως μονάδα παραγωγής τον οικογενειακό πυρήνα και αναπαριστούμε μια κοινωνία, όπως τη σκιαγραφήσαμε πιο πάνω, βασιζόμενοι σε σχέσεις παραγωγής που μας είναι απρόσιτες και εξολοκλήρου άγνωστες.

Παρά ταύτα η ερμηνεία του φαινομένου της εμφάνισης των οχυρώσεων προς το τέλος της νεολιθικής εποχής, δε θα είχε, το γνωρίζουμε, καμιά ιστορική προοπτική αν η προσπάθειά μας περιοριζόταν σε πληροφορίες αυστηρά αρχαιολογικές. Το δίλημμα θα ήταν άλυτο αν αρνηθούμε την εθνογραφική γνώση αναφοράς που μας προσφέρει η παραπάνω προσχεδιασμένη εικόνα. Για να κάνουμε την εργασία μας λιγότερο ασήμαντη, θα περιορίσουμε τους δανεισμούς μας στα απαραιτήτως αναγκαία, σε αυτό που υποθέτουμε ότι είναι το κοινό χαρακτηριστικό όλων των, δια μέσου του χρόνου και του χώρου, ανεξάρτητων γεωργικοκτηνοτροφικών κοινοτήτων, οι οποίες θεωρητικά θα μπορούσαν να αυτοεπιβιώνουν, στην προκειμένη περίπτωση από την άμεση εκμετάλλευση της γης και των ζώων, χωρίς να προσφεύγουν ούτε στο εμπόριο, ούτε στην ανταλλαγή. Το χαρακτηριστικό αυτό είναι η απουσία κοινωνικής διαίρεσης. Αυτό είναι που κάνει την πρωτόγονη κοινότητα να παρουσιάζεται ως ένα ομοιογενές και αδιαίρετο σύνολο. Η αδιαίρετη κοινωνία επιτρέπει την ανάπτυξη διαφορετικών μορφών εξουσίας και ιδεολογίας και διαφορετικούς τρόπους παραγωγής που θα έχουν πάντα τον ίδιο οικονομικό και κοινωνικό χαρακτήρα. Όποιο και αν είναι το σύστημα των σχέσεων παραγωγής (π.χ. οικογενειακό, φυλετικό, γραμμικό) και όποια και αν είναι η μορφή της εξουσίας (π.χ. πρόσκαιρη ή μόνιμη, αρχηγοί στρατολογούμενοι από τις αρετές τους, την ηλικία τους κλπ.) η γεωργικοκτηνοτροφική κοινότητα λειτουργεί ως μια ολότητα. Η ομοιογενής της ουσία διατάσσει την κοινωνική αδιαιρετότητα, απαγορεύοντας έτσι το σχηματισμό στο εσωτερικό της κοινότητας συνεταιρισμούς ξεχωριστών συμφερόντων. Συνακόλουθα, ένας τέτοιος κοινωνικός συμβιβασμός δεν μπορεί να γίνει παρά μεταξύ ενός περιορισμένου αριθμού ατόμων. Ο πληθυσμός της αδιαίρετης κοινωνίας δεν μπορεί περάσει ένα ορισμένο ποσοτικό κατώφλι, πέραν του οποίου το κοινωνικό της σύστημα κινδυνεύει να διαλυθεί. Η διασπορά φαίνεται ότι είναι η καθησυχαστική απάντηση σε αυτόν τον επικείμενο κίνδυνο. Αυτός ο μηχανισμός κατευνασμού και χαλάρωσης των εσωτερικών εντάσεων καταδικάζει κατά κάποιο τρόπο την κοινωνία των γεωργών σε μια εσωτερική στασιμότητα και σε μια συνεχή εξωτερική κίνηση. Με την εσωτερική στασιμότητα εννοούμε τη διατήρηση του τρόπου ζωής της στο χρόνο και με τη συνεχή εξωτερική κίνηση καταλαβαίνουμε την προοδευτική της διάδοση σε μικρές κοινότητες στο χώρο. Η αρχαιολογική πραγματικότητα του νεολιθικού κόσμου επιβεβαιώνει φαινομενικά τουλάχιστο αυτό το φαινόμενο της διατήρησης και της διάδοσης. Πράγματι, από τη στιγμή που εγκαθίσταται οριστικά η μεγάλη αλλαγή προς την παραγωγική ζωή στους πρώτους αιώνες της 9ης χιλιετίας π.Χ. στην εύφορη γη του προσχωματικού διαδρόμου που αρχίζει από την κοιλάδα του Ιορδάνη και καταλήγει στο Μέσο Ευφράτη, ο νέος τρόπος ζωής αρχίζει να διαδίδεται σε όλη τη Μέση Ανατολή και στη συνέχεια στην Ασία και στην Ευρώπη.

Στην Ελλάδα, η πεδιάδα της Θεσσαλίας κατοικήθηκε για πρώτη φορά στα μέσα της 7ης χιλιετίας από μικρές ομάδες γεωργών. Εμφανίζονται ξαφνικά σε ορισμένες καλά γνωστές θέσεις (Άργισσα, Γεντίκι, Σέσκλο, Σουφλί). Προς το τέλος της χιλιετίας, οι γεωργοί καταλαμβάνουν όλη τη θεσσαλική πεδιάδα και στη διάρκεια της 5ης χιλιετίας (νεότερη νεολιθική) η κατοίκησή τους γίνεται όλο και πιο πυκνή. Η εξάπλωσής τους υπερβαίνει τα όρια της πεδιάδας σε όλες τις πλευρές της και στον νότο, όπου βρίσκεται το Διμήνι, φθάνει στη θάλασσα[16]. Στη νεότερη νεολιθική, αλλά επίσης και στις προηγούμενες περιόδους, διαπιστώνουμε από τα επιφανειακά ευρήματα, αποτελούμενα στη πλειοψηφία τους από κεραμική, μια αξιοσημείωτη ομοιογένεια στην υλική κουλτούρα από τη μια άκρη στην άλλη του θεσσαλικού χώρου. Αν και παρατηρούμε ότι ορισμένες κατηγορίες κεραμικής περιορίζονται σε μια τοποθεσία ή σε μια περιοχή, ορισμένοι άλλοι «τύποι» μιας εξαιρετικής ποιότητας παράγονται σε συγκεκριμένες περιοχές, αλλά κυκλοφορούν παντού σε όλη την πεδιάδα. Χημικές αναλύσεις πολλών εκατοντάδων ο-στράκων (Schneider και al. 1991) και μια απλή στατιστική μελέτη (Ροντήρη 1985) μπορούν να επιβεβαιώσουν την εμπειρική παρατήρηση της ύπαρξης εξειδικευμένων κέντρων παραγωγής και τη διάδοση των προϊόντων τους. Δε συμβαίνει το ίδιο με τη μεταλλουργία. Τα αντικείμενα από χαλκό ή χρυσό (χάντρες, ενώτια, πόρπες και ένας πέλεκυς που βρέθηκε στο Σέσκλο) είναι πολύ σπάνια στη Θεσσαλία και γενικά στον ελλαδικό χώρο. Η επεξεργασία του μετάλλου δεν εμφανίζεται για πρώτη φορά στη νεότερη νεολιθική. Διαπιστώνεται στη Μέση Ανατολή από την πρωτονεολιθική εποχή, όπου ο χαλκός συλλέγεται σε κατάσταση αμιγή και σφυρηλατείται κρύος ή ζεστός και συνεχίζεται σε όλη τη διάρκεια της νεολιθικής (Solecki 1969, France-Lanaurd, Contenson 1973, Smith 1969, Campel-Braidwood 1970, Mellaart 1964). Η «ορθολογική», κατά τον Childe (1958), επεξεργασία του μετάλλου (χυμένος σε καλούπια), εμφανίζεται στην «πρωτοχαλκολιθική» και ένας πέλεκυς προερχόμενος από το Tell Arpachiya (Halaf) συνηγορεί υπέρ αυτής της νέας τεχνικής. Κατασκευάζονταν, χωρίς αμφιβολία, αγγεία από χαλκό και η κεραμική μιμείται συχνά τη μεταλλική τους όψη. Η κεραμική της Halaf φαίνεται ότι μιμείται μεταλλικά πρωτότυπα (Mellaart 1966: 16)

---

16.   Η πεδιάδα της Θεσσαλίας προσφέρει ένα μοναδικό νεολιθικό πλούτο. Οι αρχαιολογικοί λοφίσκοι (μαγούλες), που εντοπίζονται εύκολα, υπολογίζονται σε εκατοντάδες. Δυστυχώς όλος αυτός ο πλούτος παραμένει ουσιαστικά ανεκμετάλλευτος. Μετά τις εργασίες του Milojcic, μεταξύ του 50 και 60, από τις οποίες προέρχονται οι περισσότερες πληροφορίες μας, η αρχαιολογική έρευνα είναι σχεδόν ανύπαρκτη. Εκτός από ορισμένες σπασμωδικές δραστηριότητες εκ μέρους των αρχαιολόγων της αρχαιολογικής υπηρεσίας, δεν πραγματοποιούνται συστηματικές ανασκαφικές ή επιφανειακές έρευνες. Ο νεολιθικός θεσσαλικός κόσμος είναι καταδικασμένος να εξαφανιστεί, εξαιτίας της έντονης μηχανικής γεωργικής εκμετάλλευσης της πεδιάδας, πριν δει το φως της ημέρας.

και οφείλουμε να αναρωτηθούμε αν η μαύρη στιλβωτή με ραβδώσεις και τροπιδόσχημη κεραμική με την οποία αρχίζει η «ψευτο-αρχαιότερη» νεολιθική της Κρήτης (Λιανέρης 1990) δεν αναπαράγει στην πραγματικότητα μεταλλικά πρωτότυπα. Η σπάνις μεταλλικών ευρημάτων δεν πρέπει να αποδοθεί στην ανυπαρξία μιας αποκλειστικής απασχόλησης ειδικευμένων τεχνιτών: δε βρίσκουμε παρά τα χαμένα αντικείμενα. Τα αντικείμενα από μέταλλο θραύονται δύσκολα και όταν φθαρούν η καταστραφούν τα ανακυκλώνουμε. Εκτός από την κεραμική και τη μεταλλουργία, η παρουσία εξειδικευμένων τεχνιτών στην κατασκευή εργαλείων και κοσμημάτων και η ύπαρξη ανταλλαγής ή εμπορίου υπονοείται από τη διανομή μιας πληθώρας χρηστικών ή μη αγαθών από λίθο, μάρμαρο και όστρεα (spondylus gaedoropus), (τριπτήρες χειρόμυλοι, αιχμές βελών, ειδώλια, βραχιόλια κλπ.). Ορισμένα από αυτά τα αγαθά, αλλά και ορισμένα άλλα από μέταλλο ή κεραμική, θεωρούνται από τους αρχαιολόγους ως σπάνια και πολύτιμα αντικείμενα γοήτρου και πιστεύουν, ότι η επιθυμία απόκτησής τους μπορεί να προκαλέσει μια διαδικασία ανταγωνισμού, η οποία θα ευνοούσε την κοινωνική διαφοροποίηση. Η διανομή, παραδείγματος χάριν, της λεπτής κεραμικής του Διμηνιού (Παλατιακός Ρυθμός) θα μπορούσε να ελέγχεται από μια «ελίτ», γιατί πολλές σύγχρονες θέσεις στη δυτική Θεσσαλία δεν την κατέχουν και είναι πολύ πτωχές σε λεπτή κεραμική (Demoule-Perlés 1993: 396).

Υπάρχουν οικονομικές και κοινωνικές διαφορές μεταξύ των κατοίκων των διαφορετικών θέσεων και μεταξύ των κατοίκων της ίδιας θέσης; Και πώς η νεολιθική κοινωνία θα μπορούσε να διαιρεθεί; Είναι αλήθεια ότι η εξωτερική όψη των σύγχρονων μεταξύ τους μαγούλων δεν δίνει την εντύπωση της ισότητας· διαφέρουν στις διαστάσεις και στον πλούτο. Υπάρχουν πιο μεγάλες και πιο μικρές, αλλά αυτές οι δεύτερες μπορούν να έχουν ένα αρχαιολογικό υλικό πολύ πιο πλούσιο από τις πρώτες. Οι δυσανάλογες διαστάσεις των μαγούλων δεν μπορούν να αποτελέσουν κριτήριο κοινωνικής ή οικονομικής διάκρισης, γιατί αφενός αγνοούμε την ακριβή διάσταση της νεολιθικής κοινωνίας, αν αυτή θα μπορούσε να είχε υπάρξει, και αφετέρου μπορούν να οφείλονται στη διάρκεια της κατοίκησης, που σε μερικά χρόνια μπορεί να διαφοροποιήσει τον αριθμό των κατοίκων. Το πλούσιο υλικό δεν μπορεί επίσης να αποτελέσει ένα τέτοιο κριτήριο, γιατί εξαρτάται από το τυχαίο των ανασκαφών και των επιφανειακών ερευνών και ίσως από τις επιλογές των κατοίκων των οποίων αγνοούμε τα κίνητρα. Μόνο οι συστηματικές ανασκαφές μπορούν να δώσουν ορισμένες ακριβείς πληροφορίες σχετικά με τη διάρθρωση της νεότερης νεολιθικής κοινωνίας. Εν αναμονή αυτών των ανασκαφών, θα πρέπει να αρκεστούμε στο διαθέσιμο ανασκαφικό υλικό.

Το μέγεθος και η κεντρική θέση των μεγάρων στο Διμήνι και στο Σέσκλο και στη μαγούλα Βισβίκη ενθάρρυναν τη σκέψη της παρουσίας κοινωνικών διαφορών εντός των κοινοτήτων (Demoule-Perlés 1993: 391). Το μέγαρο Α του Διμηνιού ανήκει στη τελευταία νεολιθική φάση κατοίκησης της θέσης. Στην πραγματικότητα το μέγαρο αυτό δεν είναι ένα εξολοκλήρου νέο οικοδόμημα. Αποτελείται από ένα μεταγενέστερο δωμάτιο κολλημένο στον πρώτο περίβολο του οποίου προέκτειναν στη συνέχεια τους πλευρικούς τοίχους (εικ. 11 αριθ. 13 και Δ.Σ. 32). Το δωμάτιο αυτό ήταν ήδη το μεγαλύτερο από όλα όσα βρίσκονταν εντός του περιβόλου. Ένα παρόμοιο φαινόμενο παρατηρείται επίσης και στο Σέσκλο: το διπλό μέγαρο του Τ. είναι ένα σύμπλεγμα αποτελούμενο από μια μεγαροειδή οικία και από το κυρίως μέγαρο. Το μέγαρο με την περιτειχισμένη κεντρική του αυλή και τις υπόλοιπες υποδεέστερες κατοικίες προσφέρει την ιδανική εικόνα της εξουσίας στον Όμηρο. Κατά τον Τ. (Δ. Σ. 59) στο εσωτερικό του πρώτου περιβόλου κατοικούσε ο αρχηγός ή ο βασιλιάς. «Ενταύθα δε, εις την προ του μεγάρου αυλήν, συνήρχετο πιθανώς ο λαός εν καιρό ειρήνης και εν καιρό πολέμου, όταν ήτο ανάγκη να βουλευθώσι περί των κοινών. Ούτω και οι Τρώες συνέρχονται εν τη Ιλιάδι (Η 345, 346) έν πόλει άκρη...παρά Πριάμοιο θύρησι».

Αν η οργάνωση των δομών στο Διμήνι και στο Σέσκλο αφήνουν να εννοηθεί ότι υπήρχε εκεί μια κεντρική εξουσία δεσποτική ή πολιτική, οι θέσεις αυτές μπορούν να χαρακτηριστούν ακροπόλεις με τη γεωγραφική έννοια της λέξης, αφού ο περιορισμένος αριθμός των οικιών και των άλλων δομών εντός των δύο περιβόλων δε συνιστούν πόλεις, αλλά τότε θα έπρεπε να επινοήσουμε τις πόλεις τους. Και ούτε είναι ικανές αυτές οι δομές να σχηματίσουν ένα αυτόνομο χωριό, γιατί θα υπήρχε μια αδικαιολόγητη πολιτικά και οικονομικά ασυμμετρία μεταξύ του άνακτα και του λαού του. Το μέγεθος, επομένως, και η κεντρική θέση των μεγάρων στο Διμήνι και στο Σέσκλο αποκλείουν πιθανότατα την ιδέα ή την υπόθεση της ύπαρξης ριζικών κοινωνικών διαφορών στο εσωτερικό των κοινοτήτων. Μήπως θα πρέπει τότε να φανταστούμε μια ισχυρή θέση, κατοικία ενός δεσπότη και της αυλής του, ο οποίος θα ασκούσε την εξουσία του στα χωριά της γύρω περιοχής; Αυτή η μορφή κοινωνίας προϋποθέτει μια οικονομική και κοινωνική εξελικτική διαδικασία η οποία θα κατέληγε συγχρόνως στη διαίρεση της νεολιθικής κοινωνίας και στην ανάδειξη μιας κεντρικής εξουσίας. Προϋποθέτει λοιπόν ένα στάδιο στη διάρκεια του οποίου αρχίζουν να εμφανίζονται μεταξύ των μελών της κοινότητας οι κοινωνικές ανισότητες. Όμως ο οικιακός τρόπος παραγωγής της υποτιθέμενης ίσης και αδιαίρετης νεολιθικής κοινωνίας θα επέτρεπε το ξεκίνημα μιας διαδικασίας που θα οδηγούσε στην κοινωνική διαφοροποίηση; Δεν όφειλε αυτή να διαθέτει μηχανισμούς που να εμποδίζουν την εμφάνιση των κοινωνικών ανισοτήτων; Αν, για παράδειγμα, η απόκτηση σπάνιων και πολύτιμων αγαθών μπορεί να γεννήσει μια διαδικασία ανταγωνισμού, που θα ευνοούσε την ανάδειξη της κοινωνικής διαφοροποίησης, τότε θα πρέπει να υπάρχει ήδη στην κοινωνία ένα ιδεολογικό και κοινωνικό υπόστρωμα, που θα παρακινούσε την επιθυμία της απόκτησης αυτών των αγαθών και που θα επέτρεπε την πραγματοποίησή της. Όμως, η κοινωνία της ισότητας ορίζεται ως τέτοια γιατί αγνοεί αυτού του είδους το υπόστρωμα, ή γιατί εμποδίζει τις απόπειρες εμφάνισής του. Η απόκτηση αγαθών επενδυμένων με μια μεγάλη οικονομική αξία και με το κοινωνικό γόητρο που απορρέει από αυτήν, είναι μάλλον το αποτέλεσμα και όχι η αιτία μιας διαδικασίας ανταγωνισμού. Κατ' αρχήν, η αδιαίρετη κοινωνία δεν μπορεί να διαιρεθεί από μόνη της, η διάσπασή της και η αναδόμησή της δεν μπορούν να προέλθουν παρά από ένα εξωτερικό παράγοντα: π.χ. κατοχή από μια ήδη ιεραρχημένη κοινωνία. Στο Διμήνι και στο Σέσκλο δεν υπάρχει τίποτα στην υλική κουλτούρα που να συνηγορεί υπέρ της παρουσίας μιας ξένης φιλοπόλεμης και κυριαρχούσας κοινωνίας.

Ο νεολιθικός θεσσαλικός κόσμος μαρτυρεί συγχρόνως τη διασπορά, τον κατακερματισμό, την εξατομίκευση και την ανεξαρτησία των κοινοτήτων και τις γειτονικές τους σχέσεις. Δεν μπορούμε να γνωρίζουμε, αν αυτές οι σχέσεις για διάφορους λόγους διαταράσσονταν από καιρό σε καιρό και αν υπήρχαν ένοπλες συρράξεις μεταξύ των διαφόρων κοινοτήτων, γιατί δε διαθέτουμε καμιά αρχαιολογική ένδειξη που να αποκαλύπτει πολεμικές δραστηριότητες. Πώς, λοιπόν να εξηγήσουμε τη ξαφνική εμφάνιση των οχυρώσεων σε ορισμένες θέσεις; Το φαινόμενο αυτό θα μπορούσε ίσως να εξηγηθεί από την υπόθεση, μεταξύ άλλων, της εμφάνισης εξειδικευμένων επαγγελμάτων, τεχνιτών και εμπόρων, ασυμβίβαστων με τον οικιακό τρόπο παραγωγής. Η ανάπτυξη στους κόλπους μιας κοινότητας γεωργών, μιας κοινωνίας τεχνιτών και εμπόρων θα δημιουργούσε πολύπλοκα προβλήματα που θα απειλούσαν τα ίδια της τα κοινωνιολογικά θεμέλια. Εξάλλου, η εμπορική και τεχνική δραστηριότητα έχει ανάγκη από ένα δικό της χώρο. Τα πλούτη σε πρώτη ύλη και σε τελειωμένα προϊόντα που αποθηκεύουν οι επαγγελματίες πρέπει να προστατευτούν από μια υπερφυσική αποτρεπτική δύναμη και από τεχνικά μέσα. Ο κατάλληλος χώρος για την εγκατάσταση της κοινωνίας των τεχνιτών και εμπόρων είναι γύρω από ιερούς χώρους, στους οποίους έρχονται οι γεωργοί για να πραγματοποιήσουν ορισμένες τελετουργίες και με τη ίδια ευκαιρία να ανταλλάξουν τα προϊόντα τους. «*Ο δεσμός μεταξύ χώρου λατρείας και αγοράς ανέρχεται στην απώτερη αρχαιότητα και δεν εξαφανίστηκε τελείως ποτέ*» (Deshayes, 1969: 242). Τα μέγαρα του Διμηνιού και του Σέσκλου θα μπορούσαν να είναι η κατοικία μιας υπερφυσικής δύναμης και ο κενός χώρος μπροστά τους (αυλή) θα μπορούσε να χρησίμευε στο εμπόριο, αγορά, ολόγυρά της αναπτύσσονταν τα εργαστήρια και τα μαγαζιά. Οι περίβολοι θα είχαν επομένως μια λειτουργία ιδεολογική και συγχρόνως πρακτική. Απομόνωναν από τον έξω και παλιό κόσμο, αφενός τον ιερό χώρο και αφετέρου τον καινούριο κόσμο των νέων δραστηριοτήτων. Αλλά πρόσφεραν και μια αποτελεσματική προστασία από τις εξωτερικές οργανωμένες ή όχι απόπειρες λεηλασίας.

Υπάρχει μόνο μια κατηγορία δεδομένων που θα μπορούσαν εν μέρει, να υποστηρίξουν την παραπάνω υπόθεση: είναι τα δεδομένα της μεταφυσικής. Η εμφάνιση των νεκροπόλεων προς το τέλος της νεολιθικής και μερικές ενδείξεις τάξης θρησκευτικής που βρέθηκαν στο μέγαρο Α του Διμηνιού υποβάλλουν την έννοια της θεότητας και την ύπαρξη ενός τόπου λατρείας.

VII. ΤΑ ΔΕΔΟΜΕΝΑ ΤΗΣ ΜΕΤΑΦΥΣΙΚΗΣ

VII.1. Οι νεκροπόλεις

Σύμφωνα με τα διαθέσιμα ντοκουμέντα, οι νεκροπόλεις αρχίζουν να εμφανίζονται στη νεότερη νεολιθική. Στη διάρκεια των προηγούμενων περιόδων οι νεκροί ενταφιάζονταν σε ατομικούς οι συλλογικούς τάφους στο χώρο της κατοίκησης, είτε έξω, είτε μέσα στις οικίες[17].

Το νεκροταφείο της Πλατείας Μαγούλας Ζάρκου αποτελεί ένα τυπικό παράδειγμα. Το νεκροταφείο αποτελούμενο από τεφροδόχα αγγεία βρίσκεται 300 περίπου μέτρα μακριά από τον οικισμό (Γαλλής 1982). Για το νεκροταφείο της Κεφάλας βλέπε Coleman 1977. Στα Βαλκάνια υπάρχουν πολλά παραδείγματα για αναφορά (Catacuzino 1986, Todorova- Simeonova 1978).

VII.2. Η θρησκεία

Ο Τσούντας, στη διάρκεια της περιγραφής του μεγάρου Α της κεντρικής αυλής του Διμηνιού, μας δίνει μια πολύτιμη πληροφορία η οποία παραδόξως περιφρονήθηκε και κατά συνέπεια παραμελήθηκε, δεν αναφέρθηκε πουθενά στην αρχαιολογική φιλολογία (Λιανέρης 1983: 133, σημ. 15).

Στο δωμάτιο 3 του μεγάρου παρατήρησε δύο οπές στύλων (ξυλίνων κιόνων). Η προς την ανατολή οπή έχει διάμετρο 0, 66 μ. και βάθος 0, 85 μ., της άλλης προς τα δυτικά το πλάτος είναι 0, 40 μ. και το βάθος 0,65 μ. Μπροστά στο μέγαρο, ή στον πρόδομό του, αν θέλετε, (σημείο 2), βρήκε επίσης δύο οπές στύλων. Το αξιοσημείωτο είναι, ότι και εδώ η ανατολική οπή είναι μεγαλύτερη (διάμετρος 0, 70 μ., βάθος 0, 80 μ.) της δυτικής (διάμετρος 0, 65 μ. βάθος 0, 55 μ.).

Αλλά περισσότερο αξιοσημείωτο είναι ότι μέσα στις δύο μεγαλύτερες ανατολικές οπές βρέθηκαν οστά αίγας ή προβάτου, τεμάχια κοινών

---

17. Η ομαδοποίηση των τάφων που παρατηρούμε στη θέση Malaha (Eynan) στο Ισραήλ στη νεότερη Νατούφια (επίπεδο Ic) δεν μπορεί να αποτελέσει πραγματικό νεκροταφείο, αφού οι ταφές βρίσκονται μέσα στον κατοικημένο χώρο. Όμως κατά τον Perrot, 1988: 96-97, πρόκειται για ένα *συλλογικό νεκροταφείο*. Αλλά στη συνέχεια ο Perrot αντιφάσκει όταν, από το γεγονός ότι οι τάφοι βρίσκονται στην κατοικημένη περιοχή, αναγκάζεται να συμπεράνει ότι «*στην σκέψη των νατουφίων δεν ήταν ξεκάθαρα τα όρια μεταξύ της θέσης των νεκρών και εκείνης των ζωντανών*» (σ. 96).

αγγείων και μια λίθινη σφηνοειδής αξίνα, τα δε χώματα ήταν μελανά. (Δ. Σ. 51-54). *«Δεν γνωρίζω αν έχουσι ταύτα σημασίαν τινά»*, θα γράψει ο Τ. αλλά υποθέτει όμως, ότι ίσως να πρόκειται για βόθρους θυσιών.

Ο Τ. δεν είναι απόλυτα πεπεισμένος, ότι είχαν γίνει θυσίες σε αυτές τις ταπεινές οπές. Είναι περισσότερο βέβαιος για τη λειτουργία μιας άλλης κακοδιατηρημένης δομής, η οποία βρίσκεται μπροστά από το μέγαρο στο κέντρο σχεδόν της κεντρικής αυλής (σημείο 1), πάνω στην οποία ο Στάης είχε παρατηρήσει ικανή ποσότητα στάχτης. *«Φαίνεται ότι εις το μέσον της αυλής έκειτο βωμός τις»*.

Οι δύο ανατολικές οπές ήταν λοιπόν πιο μεγάλες και περιείχαν οστά, στάχτες, όστρακα και ένα εργαλείο. Κατά τη γνώμη μας, υπάρχουν εδώ επαρκείς αποδείξεις που μαρτυρούν αιματηρές θυσίες θεμελιώσεως. Εν πάση περιπτώσει, είναι βέβαιο, ότι αυτός ο τύπος θυσίας υπήρχε στην εποχή μου μας ενδιαφέρει.

Στο Postoloporty (Soudsky 1969), βρέθηκε στο όρυγμα θεμελίωσης της ανατολικής πλευράς μιας «οικίας συγκεντρώσεων», ένας κιβωτιόσχημος λάκκος μέσα στον οποίο υπήρχαν τρεις μεγάλοι λίθινοι τριπτήρες, ένα θραύσμα χειρόμυλου και ένα μεγάλο βότσαλο χαλαζία. Ο λάκκος περιείχε επίσης το κρανίο ενός χοίρου τα οστά βοδιού ή αγελάδας, τα οστά αίγας ή προβάτου και ένα όστρακο. Προφανώς, υπάρχει εδώ ένα τυπικό παράδειγμα θυσίας θεμελίων και επί πλέον η τελετουργία της θραύσης των αγγείων, γιατί το όστρακο του λάκκου ανήκει σε ένα αγγείο του οποίου τα υπόλοιπα κομμάτια βρέθηκαν πιο μακριά μέσα στο όρυγμα σε απόσταση 1, 50 μ. Φαίνεται ότι η τελετουργία της θραύσης των αγγείων είναι πολύ παλιά. Διαπιστώθηκε στην αρχή της ελλαδικής νεολιθικής στους τάφους αποτέφρωσης της Σουφλίς Μαγούλας (Γαλλής 1982).

Το εύρημα του Postoloporty ανήκει από την κοινωνικοοικονομική άποψη στην ίδια περίοδο με αυτό του Διμηνιού. Ο Makkay στο άρθρο του (χειρόγραφο) σχετικά με τις θυσίες θεμελιώσεων στις νεολιθικές οικίες των Καρπαθίων διακρίνει δύο κατηγορίες τελετουργίας θυσιών: α) θυσίες αιματηρές και β) θυσίες αναίμακτες. Παραδόξως, οι αναίμακτες θυσίες ανήκουν όλες στην αρχαιότερη και μέση νεολιθική (Starçevo-Körös), ενώ οι αιματηρές στη νεότερη και τελική (Vinça). Ο Makkay πιστεύει, ότι τα δύο αυτά γεγονότα αντανακλούν διαφορετικά ιδεολογικά ή θρησκευτικά συστήματα.

Η αιματηρή θυσία θεμελίων του Postoloporty θύμιζε στον Soudsky τα ρωμαϊκά suovetorilia προς τιμή του φυλετικού θεού Martius, στη διάρκεια των οποίων θυσίαζαν ένα αιγοπροβατοειδές ένα χοιροειδές και ένα βοοειδές. Έβλεπε στη θυσία αυτή ένα προφυλακτικό σκοπό, μια προσφορά στους προγόνους «*και μια νέα λατρεία της γονιμότητας της φύσης που συσχετίζει την κοινωνία, η οποία έχει ακόμα τη μορφή πατριάς ή γένους, με τη γη που την τρέφει. Από αυτή την άποψη που φαίνεται καινούρια και όφειλε στην πραγματικότητα να μην είναι παρά η μακρινή αντανάκλαση αλλαγής της νεολιθικής ιδεολογίας σε χαλκολιθική ή της εποχής του χαλκού ιδεολογία*» (1969: 64). «*Ο χαρακτήρας της θυσίας που επεξεργαστήκαμε προηγουμένως, μου φαίνεται ότι μαρτυρεί μια μεγάλη ιδεολογική αλλαγή, όπου η λατρεία των προγόνων που υπήρξε αναμφίβολα η βάση της νεολιθικής θρησκείας κυριαρχήθηκε, αν δεν αντικαταστάθηκε, από τις λατρείες γονιμότητας, των οποίων η υπόσταση είναι η σχέση μεταξύ του πληθυσμού, της ευρύτερης οικογένειας, της πατριάς, της φυλής και της γης που τους τρέφει. Πρόκειται λοιπόν για μια ιδέα νεολιθική σε σχέση με τη νομαδική ιδέα της λατρείας των προγόνων, μια ιδέα που φθάνει καθυστερημένα από μια εξαιρετικά μακρόχρονη εποχή· εν τούτοις οι καθυστερήσεις στη θρησκευτική υπερδομή σε σχέση με την οικονομική βάση φαίνονται ως η φυσιολογική κατάσταση της εξέλιξης. Το Çatal Hüyük της αρχαιότερης νεολιθικής, με τις τοιχογραφημένες σκηνές κυνηγιού των ναών του, μας δίνει ένα παράδειγμα και μια κτυπητή απόδειξη*» (Soudsky 1969: 87).

Η λατρεία των προγόνων (Vernet 1948) υπονοείται, ίσως, από τα επιπεπλασμένα με γύψο κρανία που βρέθηκαν στην Ιεριχώ, στο Beysanum, Tell ramad (Cauvin 1994: 152-154).

Τι μπορεί να σημαίνει η αιματηρή θυσία; Μια αλλαγή στην ιδεολογία; Το πέρασμα από τη λατρεία των προγόνων σε εκείνη της γονιμότητας της γης; Σε κάθε περίπτωση, η αιματηρή θυσία δεν μπορεί να αντανακλά αποκλειστικά τη λατρεία της γονιμότητας, η οποία θα μπορούσε εξίσου καλά να εκδηλώνεται και με άλλες πρακτικές, όπως θα μπορούσε επίσης αυτού του είδους η θυσία να υπάρχει και στη λατρεία των προγόνων. Στην πραγματικότητα, η αιματηρή θυσία είναι πρώτα από όλα μια προσφορά, όπως οποιαδήποτε άλλη· η γονιμότητα δεν είναι παρά ένας από τους σκοπούς της και δεν έχουμε ανάγκη από αίμα για να την εκλιπαρήσουμε. Στη λατρεία του *μεγαρίζειν* προς τιμή της θεάς Δήμητρας, θεά της γονιμότητας και της γης, θυσιάζαμε ζώα κυρίως χοίρους πετώντας τα ζωντανά μέσα σε υπόγεια μέγαρα, χωρίς να υπάρχει ούτε αίμα, ούτε φωτιά ούτε καπνός, ούτε κατανάλωση κρέατος. Εν τούτοις, «*Η θυσιαστήρια τελετουργία είναι στη θρησκεία της πόλης η φυσιολογική οδός επικοινωνίας μεταξύ της γης και του ουρανού... Η θυσία διαχωρίζει τους ανθρώπους από τους θεούς και τους αντιτάσσει στην ίδια πράξη που προσπαθεί να τους ενώσει... στη θεότητα ανήκουν ο καπνός και τα αρώματα και στους ανθρώπους το κρέας»* (Vernant 1974: 146-147).

Μπορούμε να υποθέσουμε ότι η αιματηρή θυσία στη νεολιθική εποχή σημαίνει, πάνω από όλα, την ύπαρξη της έννοιας της θεότητας; Μπορούμε να δούμε στα δύο ιδεολογικά συστήματα του Makkay από τη μια μεριά, την έννοια του υποχθόνιου δαίμονα (πρόγονοι, αναίμακτη θυσία, αρχαιότερη νεολιθική), και από την άλλη, την έννοια της θεότητας (αιματηρή θυσία, νεότερη νεολιθική); Είναι προφανές, ότι ο λόγος περί της προϊστορικής θρησκείας δεν μπορεί να είναι, σε τελευταία ανάλυση, παρά ένας λόγος ενοχλητικός και συγχρόνως ανούσιος, δεδομένου ότι έτσι και αλλιώς στερείται αποδεικτικής αξίας[18]. Και όμως, αν δεν μπορούμε να αποδείξουμε τίποτα απολύτως, μπορούμε τουλάχιστο, δια μέσου της μυθολογικής μας κληρονομιάς, να πλησιάσουμε στο χρόνο τους ανθρώπους που μας ενδιαφέρουν και να προσπαθήσουμε να σχηματί-

---

18. Σύμφωνα με τον J. Cauvin (1994), τα γυναικεία ειδώλια που εμφανίζονται μεταξύ της Νατούφιας και της PPNA περιόδου (10 000-9 500) και τα κρανία ταύρων που βρέθηκαν χωσμένα στους τοίχους των οικιών της ίδιας περιόδου, υποβάλλουν ήδη την παρουσία του πολύ διαδεδομένου αργότερα, στον συμβολισμό της Ανατολής, θέματος της γεννήτορος θεάς, προικισμένης με «βασιλικές» ιδιότητες και συντροφευμένης από ένα αρσενικό ακόλουθο. Αυτή η μετάλλαξη στις θρησκευτικές δομές, που συμβαίνει ακριβώς πριν τη νεολιθική επανάσταση, θα μπορούσε να έχει, κατά τον Cauvin, μια αρκετά δυναμική αξία που θα οδηγούσε στη συνέχεια στην ανακάλυψη της γεωργίας. Η νέα θρησκεία όφειλε *«να παρακινήσει πρωτότυπες πρωτοβουλίες απεγκλωβίζοντας κατά κάποιο τρόπο την αναγκαία ενέργεια για να τις κατευθύνει σωστά... Οι νεολιθικές κοινωνίες, θεατές μέχρι τότε των φυσικών κύκλων αναπαραγωγής του κόσμου, παίρνουν την άδεια να επέμβουν ως δραστήριες παραγωγοί»* (σ. 100-101). Κατά τη γνώμη μας δεν είναι φρόνιμο να προσπαθούμε να ανιχνεύσουμε σε αυτά τα ειδώλια την πρώτη εκδήλωση της έννοιας της θεότητας, γιατί, αφενός όφειλε αυτή να εμφανιστεί στη τέχνη και στην καθημερινή ζωή με ένα πολύ πιο αξιοσημείωτο τρόπο. Και αφετέρου, πώς να εξηγήσουμε την παρουσία όλης αυτής της νεολιθικής μικρογλυπτικής με θέμα τον άνδρα και τη γυναίκα και διάφορα είδη ζώων αλλά και αντικειμένων; Σε όλες σχεδόν τις ανατολικές θρησκείες συναντάται το θείο ζεύγος (Όσιρις / Ίσις, Ντούμουζι-Ταμούζ (Άδωνάϊ) / Ιστάρ, Δήμητρα / Τριπτόλεμος, ή Αφροδίτη / Άδωνις), στο οποίο αποδίδουμε, μεταξύ άλλων, την ανακάλυψη της γεωργίας. Επιτρέπεται να απομονώσουμε ορισμένα γυναικεία ειδώλια και εκείνα ενός ζώου και να δούμε σε αυτά την παρουσία του εν λόγω ζεύγους στους μακρινούς χρόνους της πρωτονεολιθικής;

σουμε μια ιδέα γύρω από την έννοια της θεότητας. Μια σύντομη ανάλυση του ανεξάντλητου μύθου των γενών του Ησιόδου μπορεί να μας αποκαλύψει μερικές σημασίες γύρω από την έννοια της θεότητας, από όπου θα εξαχθούν ίσως μερικές διαπιστώσεις σχετικά με την καταγωγή της. Εν πάση περιπτώσει, για την υπόθεση αυτή έχουμε μεγαλύτερη εμπιστοσύνη στη μυθολογική διήγηση παρά στη διαίσθηση του οποιοδήποτε επιστημονικού πνεύματος.

Α. Οι άνθρωποι του πρώτου χρυσού γένους *«θνήσκον δ' ως θ' ύπνω δεδμημένοι...Αυτάρ επεί δη τούτο γένος κατά γαία κάλυψε, τοι μεν δαίμονες εισί Διός μεγάλου δια βουλάς εσθλοί επιχθόνιοι, φύλακες θνητών ανθρώπων»* (116-123).

Β. Οι άνθρωποι του αργυρού γένους *«ούδ' αθανάτους θεραπεύειν ήθελον ούδ' έρδειν μακάρων ιεροίς επί βωμοίς, η θέμις ανθρώποισι κατ' ήθεα...Ζευς Κρονίδης έκρυψε χολούμενος...Αυτάρ επεί και τούτο γένος κατά γαία κάλυψε, τοι μεν υποχθόνιοι μάκαρες θνητοίς καλέονται».* (135-140).

Γ. Οι άνθρωποι του χαλκού γένους ήταν φοβεροί, άγριοι και αμετροεπείς, το μόνο που σκέφτονταν ήταν η βία και ο πόλεμος. *«Και τοι μεν χείρερεσιν υπό σφετέρησι δαμέντες βήσαν ες ευρώεντα δόμον κρυερού Αίδαο νώνυμοι· θάνατος δε και εκπάγλους περ εόντας είλε μέλας, λαμπρόν δ' έλιπον φάος ηελίοιο»* (152-155).

Α. 1. Οι άνθρωποι της χρυσής εποχής πέθαιναν αλλά ο θάνατός τους έμοιαζε με τον ύπνο και μετά τον θάνατό τους ονομάζονταν **επιχθόνιοι** δαίμονες.

Β. 1. Οι άνθρωποι του αργυρού γένους αρνούνταν να προσφέρουν θυσίες στους θεούς σύμφωνα με τα ήθη των μόνιμα εγκατεστημένων (νεολιθικοί γεωργοί;). Ο Ζευς τους έκρυψε κάτω από τη γη και ονομάζονταν από τους θνητούς **υποχθόνιοι** μάκαρες.

Γ. 1. Οι άνθρωποι του χαλκού γένους χάθηκαν από μόνοι τους εξαιτίας της κακίας τους και οδηγήθηκαν ανώνυμοι από τον **θάνατο** στον παγερό ´Αδη.

Θα πρέπει να σημειωθεί ότι ο Ησίοδος δε χρησιμοποιεί τις λέξεις ´Αδης και θάνατος για να περιγράψει το χαμό των ανθρώπων στα δύο πρώτα γένη. Και αυτοί πέθαιναν αλλά ο θάνατός τους άλλοτε έμοιαζε με τον ύπνο, άλλοτε με απόκρυψη, χωρίς ποτέ να εγκαταλείψουν το λαμπρό φως του ήλιου και επί πλέον δεν έπεφταν στην ανωνυμία. Αυτούς του χρυσού γένους τους καλούσαν επιχθόνιους δαίμονες, εκείνους του αργυρού υποχθόνιους μάκαρες.

Κατά τον J. P. Vernant (1965: 37), η μυθολογική διήγηση των γενών «ιδρύει μεταξύ διαφορετικών τομέων σχέσεις αναλογικής τάξης: σειρά γενών, λειτουργικά επίπεδα, τύποι πράξεων και δυνάμεων, κατηγορίες ηλικίας, ιεραρχία των θεών στους μύθους εξουσίας, ιεραρχία της ανθρώπινης κοινωνίας, ιεραρχία υπερφυσικών δυνάμεων διαφορετικών από τους θεούς».

Ας επιστρέψουμε τώρα στην προϊστορία μας και ας επιχειρήσουμε να βρούμε ορισμένες σχέσεις της με τη μυθολογική διήγηση, και τούτο μόνο και μόνο για την ευχαρίστηση που μας δίνει το παιχνίδι των ανταποκρίσεων. Ο Ησίοδος χαρακτηρίζει τους νεκρούς ανθρώπους του χρυσού γένους επιχθόνιους δαίμονες. Η λατρεία των προγόνων στους κυνηγούς τροφοσυλλέκτες δεν υπονοεί την ύπαρξη επιχθόνιων δαιμόνων; Τους κυνηγούς δεν τους ενδιέφεραν τα όσα συνέβαιναν κάτω από τη γη, αντίθετα, ενδιέφερε τη λατρεία των προγόνων στη νεολιθική εποχή. Γιατί ο Ησίοδος χρησιμοποιεί για τους νεκρούς ανθρώπους του αργυρού γένους τον όρο «υποχθόνιοι μάκαρες»; Και γιατί το γένος αυτό αρνούνταν να θυσιάσει στους θεούς; Μήπως γιατί δεν υπήρχαν ακόμη; Οι άνθρωποι του χαλκού γένους δεν γίνονταν επί- ή υπόχθόνιοι δαίμονες ή μάκαρες, πεθαίνοντας δεν κοιμόνταν ούτε κρύβονταν, αλλά πέθαιναν ως απλοί θνητοί. Υπάρχει εδώ για πρώτη φορά η λέξη θάνατος και το όνομα του Άδη. Αυτό το γένος είναι που θα χάσει το λαμπρό φως του ήλιου. Μήπως θα πρέπει να διερωτηθούμε γιατί ξαφνικά προς το τέλος της νεολιθικής εποχής οι νεκροί εγκαταλείπουν τους οικισμούς για να πάνε να εγκατασταθούν στις νεκροπόλεις; Στους οικισμούς ενταφιάζονται στη συνέχεια μόνο παιδιά. Μήπως στις νεκροπόλεις έχουμε το λαό του Άδη; Στη διάρκεια των προηγούμενων χρόνων, τα οστά των προγόνων φυλάσσονταν μέσα και μεταξύ των οικιών. Οι πρόγονοι βέβαια πέθαιναν, αλλά είτε κοιμόνταν είτε κρύβονταν, δεν εγκατέλειπαν το φως του ήλιου, η φυσική τους οντότητα δεν εξαφανιζόταν, συνέχιζαν να ζουν στη μνήμη των απογόνων, ήταν παρόντες απόντες Η παρουσία τους εκδηλωνόταν με μια πραγματική και συγχρόνως μη πραγματική υπόσταση. Ο πρόγονος δεν είναι θεός με τη πραγματική έννοια της λέξης, αλλά δαίμονας προστάτης.

Τι συμβαίνει λοιπόν στο τέλος της νεολιθικής; Αυτοί που προηγουμένως λειτουργούσαν ως πρόγονοι-δαίμονες σωριάζονται τώρα ο ένας πάνω στον άλλο στον δικό τους χώρο, χωρίς καμιά προσωπικότητα, ανώνυμοι και αντιμετωπίζονται ως απλοί θνητοί. Και αν οι πρόγονοι-δαίμονες χάθηκαν, ή αν έχασαν τη δύναμή τους, τότε ποιοι τους αντικατέστησαν στη σκέψη των ανθρώπων;

Βιβλιογραφία

ABUES-SOF, B. 1968. Tell es Sawwan. *Sumer XXIV, 3, 16*

AMIRAN, R. Et ali. 1978. Early Arad. The chalcolithic settlement and early bronze city. The exploration society. Jerusalem.

ΑΣΛΑΝΗΣ, Ι. 1990. Οι οχυρώσεις στους οικισμούς του βορειοελλαδικού χώρου κατά την χαλκολιθική περίοδο και η περίπτωση του Διμηνιού. *Μελετήματα του ΚΕΠΑ, τόμος* 10/1990: 19-64.

ATKINSON, T. D. και al. 1904. Excavation at Phylakopi. Melos. In, *Journal of Hellenic Studies, Supplement*

AURANCHE, O. CAUVIN, J. CAUVIN, M. C. COPOLAND, L. D. HOURS, F. SANLAVILLE, P. 1981. Chronologie et organisation de l'espace dans le Proche Orient de 12.000 av. J.C. Colloques Internationaux du CNRS, No 598. Préhistoire du Levant: 571-578.

BAILLOUD, G. 1955. Les civilisations néolithiques de la France dans leur contexte européen. Picard. Paris.

BAR-YOSEF, O. 1986. The Walls of Jericho: An Alternative Interpretation. *Current Anthropology*, vol. 27, No 2 April 1986.

BENDER, B. 1978. Gatherer-hunter to farmer: a social perspective. *World Archaeology*. Vol. 10 No 2: 204-222.

BERCIU, D. 1961. Contibutiei la problemele neoliticului in Romania in Lumina noilor cercetari. Bucuresti.

BLEGEN, C. W. Και al. 1958. Troy. Excavation conduced by the University of Cincinnati, 1932-38, t. I-IV. Princeton University Press.

BRADFORD, J., WILLIANS-HUNT, P. R. 1946. Siticula Apuliana. *Antiquity*, XX No 79: 191-200.

ΓΑΛΛΗΣ, Κ. 1982. Καύσεις νεκρών από την νεολιθική εποχή στην Θεσσαλία. ΤΑΠΑ. Αθήνα.

CAMPEL, H. BRAIDWOOD, R. J. 1970. New evidences of early farming communities. Southwestern Asia. in, *Scientific American*, 222, 3.

CASKEY, J. 1960. The early helladic period in Argolide. In, *Hesperia*. 29.

CATACUSINIO G. 1966. Remarques sur les offrandes de la nécropole néolithique de Cernica. *Actes du VII Congrés Intern. Des Sciences Pré-protohistoriques*. Prague. 1966: 447-452.

CAUVIN, J. 1978. Les premiers villageς de Syrie-Palestine du IXe au VIIe millénaire av. J. C. Maison de l'Orient. Lyon.

———— 1994. Naissances des divinités Naissance de l'agriculture: la révolution des symboles au néolithique. Empreintes. CNRS. Paris.

CHILDE, V. G. 1958. L'orient préhistorique. Payot. Paris

———— 1979. Το νεολιθικό Διμήνι. Βόλος.

CLASTRES, P. 1977. Archéologie de la violence: la guerre dans les sociétés primitives. *LIBRE*. 1. 1977: 138-173.

CONSOLA, Dora. 1990. Settlement size and the beginning of urbanisation.in, *Bulletin de Correspondance Hellénique* XIX: 463-471.

COLEMANT, J. E. 1977. KEOS I- KEPHALA. Late neolithic settlement and cemetery. Princeton.

COURTIN, J. 1984. La guerre au néolithique. In, LA RECHERCHE. No 154: 448-458.

DESHAYES, J. 1969. Les civilisations de l'Orient ancient. Arthaud. Paris.

DEMOULE, J. P. PERLES, C. 1993. The Greek neolithic: A New review. in, *Journal of World Archaelogy*, Vol. 7, No 4, 1993: 355-416.

EVANS, R. K. 1973. Craft specialization in the chalcolithic period of the Balkans. University of California.

FERENZ, L. 1914. Les fouilles à la station promotive de Erod, 1907-1912. Dolgata tok Travaux V.

FRANCE-LANAURT, A. CONTENSON, H. 1973. Une pendeloque en cuivre natif de Ramad. Paléorient, I: 107-115.

GARDIN, J. C., LAGRANGE, M. S. 1975. Essais d'analyse du discours archéologique. CNRS. Notes et monographies techniques No 7.

GARDIN, J. C. 1979. Une archéologie théorique. Hachette. Paris.

GALLAY, A., LAHOUZE, M. N. 1976. Pour une préhistoire de la métallurgie. *Archives Suisses d'Anthropologie Général*. 40, 2: 137-200. Genève.

GALLAY, A. 1986. L'archéologie demain. Belfond. Paris.

GARSTANG, J. 1953. Prehistoric Mersine. Oxford.

GIRARD, R. 1982. De choses cachées depuis l'origine du monde. Grassé. Paris.

HOGARTH, D. G. 1987-8. Excavations in Melos 1898. *Annuals of the Brtitish School of Archaeology of Athens*. 4: 1-16.

ΘΕΟΧΑΡΗΣ, Δ. 1962-68. *Πρακτικά Αρχαιολογικής Εταιρίας*. Αθήνα.

———— 1973. Η νεολιθική Ελλάς. Αθήνα.

KOHL, P. 1984. Central Asia. paleolithic Beginning to Iron Age. CNRS. Synthèse No 14.

LANGANEY, A. 1984. Qu'avons-nous hérités de nos ancêtres chasseurs. *Le temps Stratégiques*, été 1984: 93-100.

LEROI-GOURHAN, A. 1963. Sur les méthodes de fouilles. Courbin, P *Etudes Archéologiques*, 49-59.

———— 1964. Le geste et la parole technique et langage. Albin Michel. Paris.

ΛΙΑΝΕΡΗΣ, Ν. 1983. Προβλήματα θεωρητικής αρχαιολογίας. Ο Πολίτης. Αθήνα.

———— 1990. Cnossos néolithique et l'histoire d'une colonisation. *Πεπραγμένα του ΣΤ΄ Διεθνούς Κρητολογικού Συνεδρίου. Τομ. Α2: 415-435.*

———— 1997. Η προϊστορία στην αρχαιότητα: περί μύθου και φιλοσοφίας. Τροχαλία. Αθήνα

LORENZ, K. 1962. L'agression. Flammarion. Paris.

MAKKAY, J. Foundation sacrifices in ncolithic houses of the Carpathian. Συνέδριο της Valcamonica. (χειρόγραφο).

MATEESCO, N. 1966. Contribution a l'étude des fossés néolithiques du bas Danube: le fossé de la station Vadastra. *Actes du VII Congrés Intern. Des Sciences Pré- protohistoriques*. 452-457. Prague.

MELLAART, J. 1964. Çatal- Hüyük. Thames and Hudson. London

———— 1966. The Chalcolithic and Early Bronze Age in the Near East and Anatolia. Kayats. Beirut.

———— 1970. Hacilar. Edinburgt.

———— 1975. The neolithic of the Near East. Thames and Hudson. London.

MIDGLEY, M. S. και al. 1993. Fortified settlements or ceremonial sites: new evidence from Bylany, Chechoslovakia. *Antiquity*, 67: 91-96.

MORINTZ, G. 1962. Tipuli de asezari si sisteme de fortificatie si de imprejmuire in cultura Gulmenitsa. *Studii si Cercetari de Istorie Veche*, XIII, 2: 273-284.

MYLONAS, G. 1977. Ancient Mycenae: the capital city of Agamemnon. Princeton University Press.

ΝΤΟΥΜΑΣ, Χ. 1964. Αρχαιότητες και μνημεία των Κυκλάδων. *Αρχαιολογικόν Δελτίον*, Β3: 409-412.

PAVUK, J. 1991. Lengyel-culture fortified settlements in Slovakia. *Antiquity*, 65: 348-357.

PERROT, J. LANDIRAY, D. 1988. Les hommes de Mallaha (Eynan) en Israël. Association Paléorient. Paris.

PRICE, T. D., BROWN, J. A. ed. 1985. Prehistoric hunter-gatherers: The emergence of cultural complexity. Academic Press.

RENFREW, C. 1972. The Emergence of Civilization: The Cyclades and the Aegean in the Third Millennium B. C. Methuen. London.

RIDOLA, B. 1924. Le grandi trincee preistoriche de Marera. *Bulletino di Paleontologia Italiana*, XLIV: 97-122.

PONTHPH, B. 1958. Επιφανειακή κεραμική νεολιθικών θέσεων της Θεσσαλίας: κατανομή στο χώρο. *Ανθρωπολογικά* 8: 53-74.

RUSSEL, B. 1971. La méthode scientifique en philosophie. Payot. Paris.

SCHNEIDER, G. και al. 1991. Transition entre les cultures néolithiques de Sesklo et de Dimini: Recherches minéralogiques, chimiques et technologiques sur les céramiques et les argiles. *Bulletin de Correspondance Hellénique*. 115 (1): 1-64.

SOLECKI, R. S. 1969. A copper mineral pendant from Northern Iraq. *Antiquity*, 43: 311-314.

SMITH, C. S. 1969. Analysis of the copper bead from Ali Kosh. *Hole και Flannery. Prehistory and human Ecology*. University of Michigan: 427-428.

SMITH, G. 1896-97. Excavations in Melos. *Annuals of the British School of Athens*: 1-30.

SOUDSKY, B. 1969. Etude de la maison néolithique. *Slovenska Archeologia*. XVII. Praha.

———— 1973. Higher level archeological entities: models and reality. *Renfrew, C. The explanation of culture change*. London.

TERRAY, A. 1969. Le marxisme devant les sociétés primitives. Maspero. Paris.

TESTART, A. 1982. Les chasseurs-cueilleurs ou l'origine des inégalités. Société d'ethnographie. Paris.

TODOROVA-SIMEONOVA, H. 1978. The Eneolithic Period in Bulgaria. BAR International Series. Supplement 49.

ΤΣΟΥΝΤΑΣ, Χ. 1899. Κυκλαδικά II. *Αρχαιολογική Εφημερίς*: 74-134.

VAN EFFENTERRE, H. 1990. La notion de «ville» dans la préhistoire egéenne. *Bulletin de Correspondance Hellénique, Supplément XIX,* 1990: 487-491.

VERMEULE, E. 1964. Greece in the bronze Age. Chicago and London. University of Chicago Press.

VERNANT, J. P. 1964. La guerre des cités. *Problèmes de la guerre en Gréce ancienne.* Mouton, Paris et la Haye.

———— 1965. Mythe et pensée chez les grecs, I. Maspero. Paris.

———— 1974. Mythe et société en Gréce ancienne. Maspero. Paris.

VERNET, P. 1948. Culte des ancêtres représentation des esprits défunts et des ancêtres, signification des cavernes d'art préhistorique. Histoire générale des religions: 53-97.

WITTLE, A. 1977. Earlier neolithic enclosures in North-West Europe. *Proceeding of the Prehistoric Society,* 43: 329-348.

WRIGT, G. A. 1978. Social differentiation in the Early Natufian. *Redman Ch. Et al. Social Archaeology: Beyond Subsistence and Dating*: 201-223. Academic Press.

ΦΙΛΙΠΠΑΚΗ, Β. 1973. Η ακρόπολης του Αγίου Ανδρέα της Σίφνου. *Αρχαιολογικά Ανάλεκτα εξ Αθηνών*. 1: 93-102.

ΧΟΥΡΜΟΥΖΙΑΔΙΣ, Γ. 1971. Η γραπτή νεολιθική κεραμική της Θεσσαλίας. *Αρχαιολογική Εφημερίς.*

———— 1979. Το νεολιθικό Διμήνι. Βόλος.